Jeder Tag ein Sonntag

Brunchen & Co im Rhein-Main-Gebiet

COMPANIONS

Inhalt

Falls nicht anders angegeben, sind Frühstücks- und Öffnungszeiten identisch. Sollte neben dem Wochenend-Brunch zusätzlich unter der Woche Frühstück angeboten werden, ist dies im Info-Block vermerkt.

Abkürzungen:

FS=Frühstück

BR=Brunch

Der Sektkühler kennzeichnet die besten Frühstücksadressen.

Jules Mumm

FINEST FRESH & FRUITY
SPARKLING WINE

Mumm & C.

Liebe Leserin, lieber Leser,

eine Schale duftender Milchkaffee, dazu ein knuspriges Croissant oder ein Gläschen Sekt? Was gibt es Schöneres als ein ausgedehntes Frühstück? Immerhin steht am Wochenende der morgendlichen Schlemmerei nichts im Weg: Kein Wecker reißt Sie aus den Träumen, Ausschlafen ist angesagt und dann ein köstliches Frühstück.

Für diejenigen, die sich dazu am liebsten an einen gedeckten Tisch setzen, hat unsere Autorin Barbara Goerlich die besten Frühstücks- und Brunchadressen im Rhein-Main-Gebiet herausgesucht. Die Gastro-Expertin hat am Frühstückstisch etlicher Lokale Platz genommen und Kaffee & Co ebenso getestet wie das Ambiente. Übersichtlich in sieben Rubriken geordnet, findet sich für jeden Geschmack die richtige Adresse.

Wer lieber in den eigenen vier Wänden speist, findet im zweiten Teil des Buches jede Menge Anregungen und Brunch-Rezepte für zu Hause. Überraschen Sie Ihre Liebste oder Ihren Liebsten doch mal zum Sektfrühstück mit einer Flasche Jules Mumm. So fängt der Tag richtig gut an. Oder laden Sie Ihre Freunde zur Brunch-Party ein – das macht Laune!

Einen genussvollen Start in den Tag wünscht Ihnen Jules Mumm.

Café Laumer

Früher Diskutierstube der Frankfurter Schule, heute Treffpunkt für Freiberufler, Schüler und Palmengarten-Besucher, die sich auch beim Frühstück auf klassische Kaffeehaus-Art verwöhnen lassen möchten. Die Frühstückskreationen sind nach Nationen benannt, wie Franzose (Croissant, Baguette, Marmelade, Butter) oder Schweizer mit verschiedenen Brotsorten, Müsli, Jogurt, Obst, Ei, Käse, Honig und Marmelade.

Bockenheimer Landstr. 69, FFM-Westend, Tel. 72 79 12, Mo-Sa 7.30-19, So 9.30-18.30 Uhr, FS solange Brötchen vorhanden. Franz. FS DM 4,80, Schweizer FS DM 11,70, Schinkenrührei DM 9,50.

Holiday Inn Conference Center

Aus der 25. Etage haben Brunch-Gäste den wohl besten Ausblick auf Frankfurts Skyline. Vor lauter Schauen sollte man das Essen nicht vergessen, denn neben Frühstücksklassikern – Rühreiern, Jogurt, Müsli & Co – stehen auch frische Salate und drei warme Fleisch- und Fischgerichte auf dem Buffet. Säfte, Wein vom Fass und die Heißgetränke sind inklusive. Kids unter zwölf Jahren bedienen sich gratis am Kinderbuffet und werden im »Knirpse-Club« mit Spielen und Basteln unterhalten.

Mailänder Str. 1, FFM-Sachsenhausen, Tel. 68 02-0, Mo-Sa 6.30-10.30, So 6.30-14.30 Uhr, Brunch: So ab 11.30 Uhr. Brunch (inkl. Getränke) DM 49,90, Kinder bis 12 J. gratis.

Das 21. Jahrhundert

Auf mehreren Ebenen sitzt der eher jüngere Teil der Bevölkerung vor reich gedeckten Tischen. Frühstückswünsche werden auf einem Bestellblatt angekreuzt. Erwähnenswert sind die Rühreier, mal mit Kräutern, mal mit Bacon oder Gemüse. Wurst und Käse sind von bester Qualität, der Obstsalat ist wirklich frisch.

Oeder Weg 21, FFM-Nordend, Tel. 55 67 46, So-Do 9-2, Fr/Sa 9-3 Uhr, FS: 9-18 Uhr. Obstsalat DM 5,50, Käseteller DM 5,20, Kräuterrührei DM 5,50.

Orfeo's Erben

Hamburger Allee 45, FFM-Bockenheim, Tel. 70 76 91 00, Mo-Fr 11.30-1, Sa 18-2, So 11-1 Uhr, Brunch: So 11-15 Uhr. Brunch DM 25.

Das Orfeo-Bistro erfreut mit frischer Küche und begrünter Terrasse. Die Gästeschar ist querbeet Bockenheim, tagsüber auch viele »Schwarzgekleidete« – die nahen Kreativschmieden und Agenturen lassen grüßen. Sonntags ist Ausnahmezustand, weil alle sich am Buffet gütlich tun. Rühreier, Pancakes, Lachs und Schinken gehören zum Standard wie ein Auflaufgericht.

Café im Literaturhaus

Bockenheimer Landstr. 102, FFM-Westend, Tel. 74 55 50, So-Fr 10-24 Uhr, FS: So 10.30-14.30 Uhr. Italienisches FS (inkl. O-Saft) DM 18, Luxus-FS (inkl. Sekt) DM 23.

Der Wirt kommt aus Österreich, der Koch aus Indien, was zur gelungenen Mischkultur auf den Tellern führt. In der alten, großbürgerlichen Herrschaftsvilla fühlen sich die Macher aus der Werbe- und Verlagsszene genauso wohl wie Jedermänner und -frauen. Im Sommer gibt es das sonntägliche Frühstück im Biergarten, in der kalten Jahreszeit (Okt-Mai) lockt ein Brunch-Buffet.

Café Wacker

Berger Str. 185, FFM-Bornheim, Tel. 46 00 77 52, Mo-Fr 8-19, Sa 8-18, So 9-18 Uhr. Aroma-Kaffee DM 3,40, Ciabatta DM 4, Müsli DM 9,50.

Die neueste Filiale des Café Wacker, Frankfurts berühmtester Kaffeerösterei, ist zweifellos die schönste. Das Ambiente in denkmalgeschütztem Jugendstil setzt die hauseigenen Kaffeeröstungen ins beste Licht. Ausschankkaffee gibt's tassenweise, z.B. Milchkaffee klein und groß, wahlweise aromatisiert mit Haselnuss, Vanille, Amaretto oder Blackberry. Dazu isst man Croissants, Nussecken, belegte Brötchen und Ciabatta, sonntags auch ein kleines Frühstück oder Müsli mit Obst.

Die Trüffel

Samstag ist Trüffeltag für Vater und Tochter, Mutter und Sohn oder für wen auch immer. Ziel der Schicken ist »Die Trüffel«. Der Renner ist das späte Trüffel-Frühstück mit einem Glas Champagner, frischem Wildlachs und Baguette. Doch auch einfacheres Frühstück ist zu haben, z.B. »all' italiana« mit Espresso und Croissant, oder englisch mit Spiegeleiern und Bacon.

Marktstr. 9, Wiesbaden-Stadtmitte, Tel. 0611-99 05 50, Laden: Mo-Fr 8-19, Sa 8-16 Uhr. FS im Bistro: Mo-Fr 10-12.30, Sa 9-12.30 Uhr. Trüffel-FS DM 29,50, FS all' italiana DM 7.

N.Y.C.

Die Abkürzung steht für New York City, USA. Was dort schmeckt, ist in Mainhattan nicht minder beliebt. Zumindest bei den jugendlichen Genießern, die hier keinen Stuhl kalt werden lassen. Die Karte offeriert ganztags vier Komplettangebote, etwa »NYC Special« mit Lachs-Bagel und O-Saft oder »Skateboarder« mit French Toast, Knusperspeck, Ei und Saft. Bei den Extras reicht die Palette von Pancakes mit Blaubeeren bis zum leckeren »Create-your-own-Omelette«.

Hans-Thoma-Str. 1, FFM-Sachsenhausen, Tel. 61 48 18, So-Do 9-1, Fr/Sa 9-3 Uhr, FS bis 23 Uhr. NYC Special DM 13,80, Skateboarder DM 13,80, Pancakes ab DM 6,50.

Restaurant Opéra

Beim Brunch lässt sich Opern-Gastronom Käfer nicht lumpen. Austern, Hummer, Lachs stehen zur Wahl. Dazu live der Mann am Klavier und ein Buffet mit allem, was den Start in den Sonntag erfreulich macht. Schlemmer treffen sich im denkmalgeschützten Foyer, bei gutem Wetter auch auf dem Balkon, wo die Wolkenkratzer zum Greifen nah scheinen.

In der Alten Oper, Opernplatz 1, FFM-City, Tel. 13 40-215, So-Mo 12-1 Uhr, Brunch: So 11-14.30 Uhr. Brunch (inkl. Säfte vom Buffet) DM 38,50, Kinder (6-12 Jahre) DM 19,25.

tea

Centralstation

Im Innenhof des ehemaligen Elektrizitätswerks dürfen Kinder unbeschwert toben, während sich ihre Eltern sonntags am üppigen Brunch-Buffet inklusive Prosecco und Orangensaft laben. Unter der Woche ist ab 11 Uhr das »All-you-can-eat-Buffet« aufgebaut, das mit komplettem Frühstücksangebot und deftigen Mittagsgerichten aufwartet.

Im Carree, Darmstadt-Innenstadt, Tel. 06151-80 94 60, Mo-Mi 8-1, Do-Sa 8-3, So 9-1 Uhr, FS: Mo-Sa 8-12, So 9-15 Uhr. All you can eat DM 23,90, So-Brunch DM 25.

Café 13

Das »In-Lokal« der Lederstadt, im Sommer mit großer Terrasse, zieht Jung und Alt an, alle 14 Tage auch zum üppigen Sonntagsbuffet. Unter der Woche halten sich die Frühstücker an bewährte Standards, allesamt mit Vornamen bezeichnet, damit es zu keinen Verwechslungen kommt. Zu »Arnold« gehören ein gekochtes Ei, gemischter Schinken, Käse, Marmelade, Obstsalat und zwei Brötchen. Berühmt sind die Eieromelettes, mal mit Champignons, mal mit Gemüse oder Shrimps.

Wilhelmsplatz 13, Offenbach-Innenstadt, Tel. 82 36 62 68, Mo-Fr, So 9-1, Sa 9-2 Uhr, FS: Mo-Sa 9-14, So 10-16 Uhr. So-Buffet DM 18, Arnold DM 12,50; Omelette, Toast, Butter DM 12,50.

Café Plazz

Platz ist rar im Café Plazz. Studenten und betagtere Semester sitzen eng und bunt gemischt beisammen. Mehrere Komplett-Frühstücke stehen zur Wahl. Wer etwa das »Frankfurter Frühstück« bestellt, bekommt einen prallvollen Teller, dazu ein Glas Orangensaft. Sehr empfehlenswert sind das große Müsli mit frischem Obst und die Rühreier mit Shrimps.

Kirchplatz, 8, FFM-Bockenheim, Tel. 77 48 27, tägl. 9-23 Uhr, FS: 9-16 Uhr. Frankfurter FS DM 14,50, Müsli DM 6,50, Rühreier mit Shrimps DM 12,50.

Café Liliput

Neue Kräme 29 (Passage), FFM-City, Tel. 28 57 27, Mo-So 9-22 Uhr. Deutsches Frühstück DM 10, Französisches Frühstück DM 12, Frühstück »für 2« DM 30.

In der Sandhofpassage verkehren die schönsten Männer der Stadt, die bewundernde Blicke allerdings nur für sich und ihresgleichen übrig haben. Die – durchaus willkommenen – Zaungäste aus der Heteroszene stecken ihre Nasen gern in den aktuellen Lesezirkel, lauern auf einen Platz im verwunschenen Innenhof-Gärtchen und halten sich im engen Liliput – nomen est omen – an die bewährten Frühstücke.

Harvey's

Bornheimer Landstr. 64, FFM-Nordend, Tel. 497 30 43, So-Do 9-1, Fr/Sa 9-2 Uhr, FS: 9-18 Uhr. Deutsches FS DM 13,50, Norweg. FS DM 18,50, Amerikan. FS DM 15.

Das Stammlokal der bunten Szene. Wie ein Chamäleon wechselt das Lokal seine Dekorationen, was die Gäste – Singles und Doubles jeder Kombination – mindestens so entzückt wie die gigantische Frühstücksauswahl. Nachtschwärmer machen sich hier mit »Überlebenskaffee« wach und ergötzen sich an der Vielfalt: Von deutsch (Schinken, Käse, Kräuterquark, Obstsalat) über amerikanisch (Rühreier, Bacon) bis norwegisch (Fisch satt!) ist für jeden Geschmack etwas dabei.

Nordpol

Friedberger Landstr. 131, FFM-Nordend, Tel. 59 79 07 13. Mo-Sa 11-1 Uhr, FS bis 23 Uhr. Basis-FS DM 3,20, Luxus-FS (f. 2 Pers.) DM 23,50.

Für die Studenten der nahen FH ist das Nordpol ihr gastliches Zentrum, denn die Frühstücksrationen fallen großzügig aus. Für den kleinen Hunger reichen Croissant, Butter, Konfitüre, Honig und Nutella. Alternativ gibt es das Basis-Frühstück mit Schinken und Käse erweitert oder eine Luxusvariante für zwei mit allem.

Feinkost Feickert

Feine Kost wird hier nicht nur gekauft oder per Partyservice nach Hause bestellt, nein, auch der Verzehr an Ort und Stelle ist attraktiv. Samstags vor und nach dem Shopping sitzt »tout« Wiesbaden beim Feickert auf der »Rue«, wie Wiesbadener ihre noble Wilhelmstraße nennen. Sie laben sich an Milchkaffee und genießen Shrimpscocktail oder Lachsbrötchen. Im Sommer bleibt auf der Terrasse selten ein Stuhl unbesetzt.

Wilhelmstr. 14, Wiesbaden-Stadtmitte, Tel. 0611-99 07 50. Mo-Sa 8-18.30, So 10.30-17 Uhr, FS: Mo-Sa 8.30-11 Uhr.
Rührei DM 6,50, Lachsbrötchen DM 9, Kleines Frühstück DM 6.

Maxim

Mitten in der Altstadt, in klassizistisch angehauchtem Schick in Blau- und Goldtönen darf das Frühstück gern etwas teurer sein. Wie wär's nach Mailänder Art mit fünferlei Wurst, Schinken und Käse, täglich ein bisschen anders? Dazu kommen heftige Vitaminstöße, denn die Teller sind mit vielen Früchten garniert. Wer einen Mitesser an den reichlichen Portionen beteiligt, zahlt DM 3 fürs Extragedeck.

Goldgasse 10-12, Wiesbaden-Stadtmitte, Tel. 0611-308 20 64, So-Do 9-1, Fr/Sa 9-2 Uhr, FS bis 16 Uhr. Paris DM 16, Mailand DM 16,50, O-Saft DM 6.

Metropol am Dom

Im lichtdurchfluteten Raum oder auf der Terrasse kann eine Kaffeepause schon mal länger dauern, falls der Nachwuchs nicht mehr aus der Kinderecke wegzubekommen ist. Das Frühstück fällt hier so köstlich aus wie die übrige Küche, die weitgehend Bio-Produkte verwendet. Höhepunkt ist das »Super-Schlemmerfrühstück« (nur So) für zwei Personen.

Weckmarkt 13-15, FFM-City, Tel. 28 82 87, Di-Do, So 10-1, Fr/Sa 10-2 Uhr, FS bis 17 Uhr. Mini-Frühstück DM 3,20, Sektfrühstück DM 35, Super-Schlemmer-FS DM 29.

Central Park

»Fruit Power« heißt der Liebling aller »Fit-for-Life«-Jünger, die mit Melone und hausgemachtem Obstsalat in den Tag starten. Im schicken City-Treff gibt es sechs Komplettangebote, darunter »Greek Eggs« (Spiegeleier mit Schafskäse, Peperoni und Oliven) und »Fishermans Friend« (Makrele, Lachs, Forelle). Wunderbares Extra ist der Jogurt mit Zimt, Honig und Mandeln.

Kaiserhofstr. 12, FFM-City, Tel. 91 39 61 46, Mo-Sa 10-2 Uhr, FS: Mo-Sa 10-16 Uhr. Fruit Power DM 12,50, Greek Eggs DM 13,50, Jogurt DM 8,50.

Albatros

Glücklich speisende Menschen sind der beste Gradmesser für eine gute Frühstücksadresse. Die Betreiber des WG-artigen Lokals halten die Qualität hoch, ihr Angebot ist frisch, der Service flott, bei BaFöG-freundlichen Preisen. Die Frühstücksgedecke beginnen mit der Minimalausstattung aus zwei Brötchen, Butter, Marmelade und Honig. Das teuerste heißt, wie es ist: Bei »Fast alles für zwei« sind die Zutaten auf einen großen Teller gehäuft.

Kiesstraße 27, FFM-Bockenheim, Tel. 707 27 69. Mo-Fr 9-24, Sa/So 9-20 Uhr, FS solange Vorrat reicht. Müsli/Obstsalat DM 6,50, Fast alles für zwei (inkl. O-Saft) DM 25, Minimal DM 3,50.

Diesseits

Ans Jenseits mag keiner denken, weder die Alt-68er, die Familien oder Rentner aus der Nachbarschaft, die hier an langen Tischen tafeln. Der Geräuschpegel ist nicht unerheblich, der Service flott und die Portionen sind riesig. Favorit ist das »Frankfurter«, das mit Rühreiern, Tomaten, Champignons, Wurst, Käse, Brotkorb, Marmelade, Honig und O-Saft erfreut.

Konrad-Brosswitz-Str. 1, FFM-Bockenheim, Tel. 70 43 64, Mo-So 9.30-1 Uhr, FS bis 16 Uhr. Frankfurter FS DM 14,50, Rühreier mit Speck DM 8, Müsli mit Früchten DM 7.

Café au Lait

Am Weingarten 12, FFM-Bockenheim, Tel. 70 10 39, Mo-Sa 9-1, So 10-18 Uhr, FS: Mo-Sa bis 17, So bis 18 Uhr. USA DM 9,40, Mainhattan DM 10,40, Mozzarella Sticks DM 9,80.

Ein Klassiker im Studentenviertel, wo man sich an kleinen Bistrotischen über gewaltige Frühstücksteller hermacht. Es gibt zwölf Komplettangebote, wobei – wen wundert's – »Mainhattan« am besten läuft und mit Rühreiern, Würstchen, krossem Rösti und Brotkorb erfreut. Extras lassen eigene Kreationen zu, und der aktuelle Lesestoff erhöht die Verweildauer, während man zu Mozzarella Sticks mit süß-scharfer Soße übergeht.

Holbein's

Im Städel, Holbeinstr. 1, FFM-Sachsenhausen, Tel. 66 05 66 66, Di-So 10-24 Uhr, FS bis 13 Uhr. Kleiner Morgengruß DM 14,50, Sandwich DM 7,50.

Wo könnte Ihr Tag schöner beginnen als im Holbein's? Im lichtdurchfluteten Raum oder auf der traumhaften Terrasse agieren freundliche Kellner. Der Milchkaffee steht ruckzuck da, der O-Saft ist frisch gepresst, die Brötchen sind kross. Wer sich für ein Sandwich entscheidet, hat eine Hand frei, um im neuesten Ausstellungskatalog des benachbarten »Städel« zu schmökern.

Plus

Oppenheimer Landstr. 31, FFM-Sachsenhausen-Süd, Tel. 61 59 99, So-Do 10-1, Fr/Sa 10-2 Uhr, FS bis 18 Uhr. Skandinavisches FS DM 10, Italienisches FS DM 9, Deutsches FS DM 5,40.

Zu einer kulinarischen Europareise lädt die Frühstückskarte des Sachsenhausener Lokals ein, das beliebter Treff bei den 20- bis 40-Jährigen aus Werbung und Finanzen ist. Start ist beispielsweise im hohen Norden, wo sich Lachs, Krevetten und Rühreier zu einem skandinavischen Frühstück vereinen, Ziel könnte Italien sein, mit Mozzarella, Parmaschinken und Spiegeleiern auf Rucola.

Rotlint-Café

Ein Tag, der im Rotlint-Café beginnt, kann kein schlechter Tag werden. Zehn Frühstückskombis stehen zur Wahl. »Langschläfer« (Schinken, Käse, Ei, Brotkorb, O-Saft) ist besonders beliebt, aber auch »Natur« hat seine Fans: Müsli mit Früchten, Ei, Käse, Camembert, Kräuterquark (sensationell gut), Brotkorb und frisch gepresster O-Saft. Dazu gibt's mehrere Tageszeitungen und Zeitschriften im Lesezirkel.

Rotlintstr. 58-60, FFM-Nordend/Bornheim, Tel. 44 96 91. Mo-Do 9-1, Fr/Sa 9-2, So 10-2 Uhr, FS bis 18 Uhr. Langschläfer DM 9,50, Natur DM 12,50, Amerikanisches Frühstück DM 11,50.

Schirn Café

Kunstgenuss und Frühstücks-Gaumenfreuden sind im schicken Designerlokal der Schirn-Kunsthalle ganztags möglich. Wer will, nimmt an Frankfurts längstem Bartresen Platz und lässt sich mit Jogurt, Schinken und italienischem Aufschnitt (Salami, Parmaschinken) mit Ciabatta verwöhnen. Die Terrasse mit Dom- und Römerblick ist ideal zum Sehen und Gesehenwerden.

Römerberg 6 a, FFM-City, Tel. 29 17 32, Di-Sa 11-1, So 11-24 Uhr. Ital. Aufschnitt DM 8, Rühreier DM 7,50, Jogurt mit Nüssen DM 6.

Stattcafé

Ein kleines Frühstück vor der ersten Vorlesung? Oder nur die Schale mit dem berühmten – besten? – Milchkaffee? »Nr. 7« ist die Nummer eins in den Herzen der Multikulti-Gäste: zwei Brötchen, Croissant, Ei, Wurst, Käse, Obstsalat, O-Saft oder ein Glas Sekt. Insgesamt gibt's elf verschiedene Frühstücke. Zur Standardkarte gehören Köstlichkeiten wie Pfannkuchen, Salate und Knoblauchbaguette oder gebackener Camembert.

Grempstr. 21, FFM-Bockenheim, Tel. 70 89 07, Mo-Fr 8-23, Sa/So 8-20 Uhr, FS solange Vorrat reicht. FS Nr. 7 DM 12, Großes FS DM 33 (für 2 Pers., inkl. Milchkaffee), Kleines FS DM 4,50.

Victor's Café-Bar-Bistro

Rheinstr. 29, Langen, Tel. 06103-92 21 31, Mo-Sa 6.30-23 Uhr, FS bis 14.30 Uhr, Buffet: Mo-Fr bis 10, Sa/So bis 11 Uhr. Buffet bis 9 Uhr DM 23, ab 9 Uhr DM 16, Zum Fünften DM 16,50.

Das Frühstücksbuffet, gut sortiert wie im besten Hotel, hat's in sich. Langschläfer bekommen nach 9 Uhr einen Sonderpreis zum »Abräumen«, können aber auch sieben verschiedene »Victor's-Frühstücke« ordern. »Zum Fünften« macht jene glücklich, die Brötchen, Marmelade, Rühr- oder Spiegeleier mit Schinken oder Speck, Orangensaft und endlose Heißgetränke lieben. »Endlos« heißt, es wird nachgeschenkt sooft man möchte.

Aurum

Goldgasse 16, Wiesbaden-Stadtmitte, Tel. 0611-30 28 80, So-Do 10-1, Fr/Sa 10-2 Uhr. Frühstück Nr. 1 DM 6, Frühstück Nr. 8 DM 18,50, Müsli DM 6,50.

Zum Müsli wird hier ein Glas frische Berchtesgadener Milch serviert: natürlich, köstlich und geradezu typisch fürs Aurum. Immer ein wenig anders und ein wenig besser als anderswo. Das erste »echte« Wiesbadener Frühstückslokal ist längst zum Klassiker avanciert. Klein und intim hat es seine feste Fangemeinde, die hier in den Tag startet oder den Abend einläutet, denn Frühstück gibt's während der gesamten Öffnungszeit.

Café Kante

Kantstr. 13, FFM-Nordend, Tel. 499 00 83, Mo-Sa 7-20, So 10-20 Uhr. Eier im Glas DM 3,50, Frühstücks-Kombi DM 4-10, Jogurt DM 4,50.

Frühstück rund um die Uhr, nette Leute ebenso. Die typische Nordend-Mischung delektiert sich an griechischem Jogurt mit Honig, Tee aus großen Steinguttassen und Kuchen wie von Muttern zu mehr als studentenfreundlichen Preisen, drinnen oder im Vorgarten. Die günstigste Frühstückskombination besteht aus zwei Brötchen, Butter, Marmelade und Honig.

Café Klemm

14 Kaffeevarianten, vom Normal-Kaffee bis zum aufgemotzten Café Brulot mit Cognac, Cointreau und Schlagsahne, und ein geradezu erschlagendes Frühstücksangebot, da fällt auch Ausgeschlafenen die Wahl nicht leicht. Erschwerend kommt hinzu, dass auch die Kuchen nicht von schlechten Bäckern sind.

Kiesstr. 41, FFM-Bockenheim, Tel. 97 07 45 12, Mo-Fr 8-20, Sa/So 9-18 Uhr, FS bis 18 Uhr. Kleines Frühstück DM 5,20, Fitness-FS DM 9,80.

Pomp

Die Pomp-Terrasse ist der beliebteste Treffpunkt in der Mainzer Innenstadt. Hier gibt es auch ein Leben vor und nach dem Karneval – und Frühstück bis Mitternacht. Deshalb laufen übernächtigte Pistengänger gern zum spätabendlichen Frühstück ein. Beim »Mainzer« schlagen die meisten Herzen höher, es ist das Gängigste mit Baguette, Butter, Ei, Marmelade und einem Milchkaffee.

Große Bleiche 29, Mainz-Stadtmitte, Tel. 06131-23 51 19, Mo-So 9-24 Uhr. Mainzer DM 11,90, Müsli DM 7,80, Rühreier DM 5,80.

Café Karin

Das Kultcafé der Szene liegt mitten in der City, gegenüber dem Goethehaus. Die Luft ist oft zum Schneiden dick, der Service findet kaum ein Durchkommen, und trotzdem strömen immer noch mehr Gäste herbei. Die Frühstücke sind nach Stadtteilen benannt, am besten läuft »Nordend« mit Brotkorb, Croissant, Butter, Schinken, Salami, Gouda, Camembert, Ei und Orangensaft. Wer morgens auf Küchenmeister Schmalhans vertraut, ordert »City« mit Croissant, Butter und Marmelade.

Großer Hirschgraben 28, FFM-City, Tel. 29 52 17, Mo-Do 9-1, Fr/Sa 9-2, So 10-19 Uhr. City DM 3, Westend DM 32,50, Nordend DM 14.

Bäckerei Café Lozan

Vom Ofen direkt auf den Teller, das einzige Frühstück mit Backstuben-Connection. Nachtschwärmer aller Stadtteile, Frühaufsteher der Umgebung – die Mischung im »Lozan« ist zuweilen wild, aber immer szenig bunt. Die frisch gebackenen Brötchen, Wasserweck' und Croissants aus der Backstube sind nach Wunsch belegt und neben Rühreiern mit Schinken das beliebteste Lozan-Frühstück.

Eckenheimer Landstr. 5, FFM-Nordend, Tel. 59 35 78, Mo-Sa 6-21, So 7-19 Uhr, FS solange der Vorrat reicht. Belegtes Brötchen ab DM 3,10, Rührei DM 5,50, großer Milchkaffee DM 3,50.

Gaststätte Harmonie

Deftig belegte Brötchen, ein paar Tassen Kaffee, und die Körper-Harmonie ist wieder hergestellt. Ganztags finden Junge und Alte, die hier oft übernächtigt anlanden und sich die gehaltvolle Gulaschsuppe reinlöffeln, eine Ecke, um ein Frühstück mümmeln zu können. Die Harmonie und das gleichnamige Kino nebenan sind als legendärer Sachsenhäuser Treff nicht wegzudenken.

Darmstädter Landstr. 7-9, FFM-Sachsenhausen, Tel. 60 32 41 31, So-Do 6-1, Fr/Sa 6-2 Uhr. Gulaschsuppe DM 4,50, Bockwurst DM 4,50, Frühstück DM 6,50.

Maximilian

Warme Küche bis 6 Uhr und weiter mit Frühstück? Das schafft in Frankfurt nur »Max«. Von freitags high noon bis Montagmorgen 4 Uhr darf es hier nonstop rundgehen. Frühstück gibt's, solange die Brötchen reichen. Das gehobene Nachtschwärmer-Publikum spiegelt sich glücklich im Marmor-Edellook; ihm ist neben den klassischen Frühstücken vor allem nach Deftigem wie »Nr. 5« mit Fischfilet, Räucherlachs und Ziegenkäse.

Schweizer Str. 1, FFM-Sachsenhausen, Tel. 61 71 46. Mo-Do 12-4, Fr 12 -Mo 4 Uhr durchgehend, FS: Sa-Mo ab 6 Uhr. Frühstück Nr. 1 DM 3, Frühstück Nr. 5. DM 16, Sandwich ab DM 8.

Arche Nova

Frisch gepressten Saft von Karotten, Orangen oder Grapefruits gibt's in Frankfurt nicht an jeder Ecke, aber im Restaurant des Öko-Hauses, wo keineswegs nur vollwertig oder vegetarisch gekocht wird. Auf drei Etagen – mit Nichtraucherzonen – wird genussvoll gefrühstückt, am liebsten das üppige »Arche-Nova«-Angebot mit Speck-Rühreiern, gemischtem Schinken, Frischkäse, Brie, Lachs, Marmelade, Honig, Butter, Obst, einem Glas Sekt oder Saft und Brotkorb.

Kasseler Str. 1 a, FFM-Bockenheim, Tel. 797 58 59, Mo-Fr 12-1, Sa/So 10-1 Uhr, FS: Sa/So 10-15 Uhr. Arche Nova DM 21, Kräuterquark DM 6,50, Saft DM 6.

Strandcafé

Hier träumten die 68er von der Revolution. Heute ist der Spontitreff eine rauchfreie Frühstücksadresse. Strandleben heißt Zeit haben, denn es kann dauern, bis eine der zehn Frühstücksvarianten vor den Gästen steht. Die Wartezeit kann man sich mit diversen Spielen (Kniffel & Co) vertreiben oder zugucken, wie am antiken Herd die Eier in gusseisernen Pfannen knusprig gebraten werden.

Koselstr. 46, FFM-Nordend, Tel. 55 72 24, Mo-Sa 9-1, So 10-1 Uhr, FS bis 19 Uhr. Frühstück DM 6-21, Pimpf (FS mit Müsli u. Quark) DM 7,50, Obstmix DM 7.

Wunderbar

Wunderbar für Leute, die gern ausgiebig frühstücken und dafür im Nichtraucherraum Platz nehmen. Beim sonntäglichen Brunch-Buffet wird bezahlt, was man auf den Teller lädt, es gibt keinen Festpreis. Wochentags sind bewährte Frühstücksstandards und das beste Müsli der Region erhältlich.

Antoniterstr. 16, FFM-Höchst, Tel. 31 87 83, Mo-So 10-2 Uhr, FS: Mo-Sa ganztags, Brunch: So 10-15 Uhr. Einzelpreise z.B. Croissant, Butter DM 3.

World Coffee

Der Banker von Welt schnappt sich sein Frühstück auf dem Weg ins Büro gern hier, neben der Börse. Adrett und tropffrei abgepackt, wird die Latte Macchiato mit Salmon-Bagel dann im Office genossen. Bei World Coffee gibt's zum Kaffee Sandwiches, Cookies, Brownies und Muffins, gute Musik und lockere Atmosphäre. Mit der »Bonuscard« ist jeder zehnte Kaffee gratis.

Börsenstr. 2-4, FFM-City, Tel. 91 39 61 14, Mo-Fr 7.30-19.30, Sa 9-16 Uhr. Salmon-Bagel DM 6,80, Muffin DM 3, Cappuccino (je nach Größe) DM 4-5.

Lavazza Caffè Bar

Hier geht's um Caffè, dunkel wie die Sünde, aus stark gerösteten Bohnen und unter reichlich Dampf gebrüht, z.B. um Latte Macchiato (heiße Milch mit Kaffee), Cappuccino mit perfektem Milchschaumhäubchen, Espresso und wie die Kaffeespezialitäten alle heißen. Dazu gibt's frischen O-Saft, Muffins und anderes Süßes.

Langgasse 24, Wiesbaden-Stadtmitte, Tel. 0611-37 22 80, Mo-Sa 9-19.30 Uhr. Espresso DM 3, Latte Macchiato DM 5, Muffin DM 1,50.

Café Nescafé

Wer zum Frühstück »Paris« bestellt, bekommt ein Croissant, Marmelade, Butter und Milchkaffee. »New York« bietet ein Bagel, Butter, Marmelade und ein Getränk nach Wahl an. An prominenter Fressgass-Ecke bietet der Multikonzern seine Produkte im modern-angesagten Rahmen feil. Zum »Health-Food« gehören verschiedene Müslis mit Nestlé-LC1-Jogurt, außerdem gibt's frisches Gebäck vom Cookie über Muffin bis zum Blechkuchen. Tee und Caro-Kaffee fehlen natürlich nicht. Alles gibt's auch gut verpackt zum Mitnehmen.

Große Bockenheimer Str. 13, FFM-City, Tel. 21 99 60 81, Mo-Fr 7.30-20.30, Sa 9-16, So 11-18 Uhr. Paris DM 5,80, New York DM 5,80, Kaffee (klein) DM 2,80, Kaffee (groß) DM 4,30.

Windows 25 im Japan-Center

Die dezente Einrichtung des Restaurants im 25. Stock entspricht der fernöstlich inspirierten Architektur des Japan-Tower. Gar nicht karg dagegen die vollen Platten mit kalten Köstlichkeiten. Daneben brät der Frühstückskoch Eier nach Wunsch, wirbelt der Wok-Koch die frischen Zutaten herum und warten Schöpfgerichte und vielerlei Beilagen. Wochentags gibt's Frühstück nach Gewicht: Müsli, Quark & Co werden abgewogen.

Taunustor 2, FFM-City, Tel. 274 04 13, Mo-Fr 8-10 u. 11.30-14.30 Uhr, FS: Mo-Fr 8-10 Uhr, Brunch: So 11.30-14.30 Uhr. Brunch (inkl. alkoholfreier Getränke) DM 38,50, Kinder (6-12 Jahre) DM 17.

Signature's

Der klassische Hotel-Jazz-Brunch hat seit Jahren Tradition und viele Stammgäste. Zum swingenden Sound der Livemusik wird euro-asiatisch aufgetischt. In der Show-Küche darf man den Köchen beim Brutzeln zusehen. Kids finden nicht nur den köstlichen Milchshake »spitze«: sie werden mit Zeichentrick-Videos und Kinderbüchern bei Laune gehalten.

Im Hotel Inter-Continental, Wilh.-Leuschner-Str. 43, FFM-Gutleut, Tel. 260 50, Brunch: So 12-15 Uhr. Brunch DM 55 (inkl. Sekt/ Saft, Kaffee), Kinder (ab 5 J.) DM 3 pro Lebensjahr.

Mr. B.'s

Spezialitäten aus der Küche der Südstaaten tischt Mr. B.'s in seinem idyllischen Innenhof mit Wintergarten und Bar auf. Am Wochenende American Breakfast, sonntags auch das Brunch-Buffet, auf dem die Favoriten der »Cajun-Cuisine« nicht fehlen: deftige Eintöpfe und feurige Soßen zu Fleisch- und Fischgerichten. Und überhaupt: Warum nicht mal den Brunch nutzen, um frische Austern zu schlürfen?

Taunusstr. 22, Wiesbaden-Stadtmitte, Tel. 0611-959 00 10, Mo-So 10-1 Uhr, FS: Sa 10-17, So 11-17 Uhr, Brunch: So 11.30-15 Uhr. Brunch (inkl. Heißgetränke) DM 29,50, Kinder (7-10 J.) DM 10, 3 Austern DM 10.

Cantina Mescal

Schweizer Str. 77, FFM-Sachsenhausen, Tel. 61 99 23 12, Mo-So 12-1 Uhr, BR: So 10-17 Uhr. Petit (inkl. Kaffee) DM 8, Huevos Mexicana DM 9.

Mexikanisch oder klassisch? Das ist in der Cantina die grundsätzliche Frage. Bei den »Huevos Mexicana« geht es feurig zu, da jede Eierspezialität mit scharfer Chilisoße, Orangensaft oder Tequila serviert wird. Doch auch international darf in den Tag gestartet werden, beispielsweise »Petit« mit Croissant und Café au lait.

Bellagusta

Steinheimer Vorstadt 70, Hanau-Steinheim, Tel. 06181-66 40, tägl. 6.30-24 Uhr, FS bis 10 Uhr, BR: So 11-14.30 Uhr. Brunch (inkl. Heißgetr.) DM 55, Kinder (bis 150 cm) DM 27,50.

Speisen wie am Mittelmeer steht im Bellagusta auf dem Programm. Im südländischen Lokal mit dekorativen Terrakottafliesen, bequemen Rattanmöbeln und Zypressen bedient sich jeder bei den Vorspeisen selbst: Die Antipasti sind berühmt. Als Hauptgerichte werden Truthahn oder Fisch gereicht, kreative »Nudeleien« mit Soße nach Wahl und danach himmlische Desserts.

Mövenpick Hotel

Zimmersmühlenweg 35, Oberursel, Tel. 06171-500-0, tägl. 6.30-24 Uhr, FS bis 10.30 Uhr, Brunch: So 11.30-14 Uhr. Brunch DM 44, Kinder (6-13 J.) DM 22, Kinder bis 6 J. gratis.

In bewährter Mövenpick-Qualität tischt das junge Team des knapp zwei Jahre alten Hotels auf. Ein Glas Sekt zur Begrüßung, für die Kids natürlich Saft oder Cola, danach das Vorspeisenbuffet. Mediterrane Antipasti, Lachs, Shrimps und ab und zu spezielle Aktionen – den »Möpi-Leuten« fällt immer wieder etwas Neues ein. Vier verschiedene Hauptgerichte, dazu saisonale Beilagen und natürlich die Kinderfavoriten »Pommes«. Auf die Kleinen geht man hier besonders ein: Malbücher, Spiele und Bauklötze gibt's für die Gäste von morgen.

Arizona's (Frankfurt Marriott)

Kinder finden den Brunch hier am allerbesten, kein Wunder bei Fischstäbchen, Spagetti und Schüsseln voller (Wackel-)Pudding und Eiscreme. Und keine Frage, dass auch die Eltern mit dem Erwachsenen-Buffet zufrieden sind. Die südwestamerikanische Küche wirkt sich aufs Sonntagsbuffet nur wenig aus. Hier kommen Klassiker, die alle mögen, auf die üppigen Platten.

Hamburger Allee 2-10, FFM-Bockenheim, Tel. 79 55-0, tägl. 6.30-24 Uhr, FS bis 10 Uhr, Brunch: So 12-15 Uhr. Buffet DM 59, Kinder (6-12 J.) DM 0,50 pro Kilo Körpergewicht.

Relexa-Hotel

Sonntags haben sie »ewig« Zeit, sich im Bistroteil der offenen Restaurantlandschaft niederzulassen, erst mal einen Kaffee zum Aufwachen zu trinken und dann die Gänge zum Buffet anzutreten. Zwischendurch ein Glas Sekt? Zum Wohl, es ist alles inklusive. Nebenan, im Restaurant »Boulevard«, ist zur Mittagszeit der »Relexa-Happy-Sunday-Lunch« aufgebaut, mit kalten und warmen Vorspeisen, mehreren Hauptgerichten und breiter Dessertauswahl.

Lurgiallee 2, FFM-Mertonviertel, Tel. 95 77 88 11, tägl. 6.30-22.30 Uhr, FS bis 10.30 Uhr, BR-Bufett: So 11.30-14.30 Uhr. Relexa-Happy-Sunday-Lunch (inkl. Sekt o. Wein) DM 49,90.

Le Restaurant (Dorint Hotel)

Erst schwimmen und dann essen oder umgekehrt? Keine leichte Wahl, die das Dorint seinen Gästen abverlangt. Denn Planschen und Saunieren ist bei »Brunch & Plansch« inbegriffen. Im Restaurant lockt das Frühstücksbuffet, erweitert um Vorspeisen aller Art und mehrere Hauptgänge mit Fisch und Fleisch. Für Kinder stehen Pommes, Malbücher und Spielzeug bereit.

Hahnstr. 9, FFM-Niederrad, Tel. 66 30 60, tägl. 6.30-22.30 Uhr, FS bis 10 Uhr. Brunch: So 11-14.30 Uhr. Brunch (inkl. Filterkaffee) DM 45, Kinder (6-12 J.) DM 22.

Brasserie

Das große Sonntagsvergnügen für alle. Für die Kinder, die an ihrem eigenen Buffet im »Kinderland« futtern, und ihre Eltern, die sich in Ruhe den Köstlichkeiten auf dem Buffet widmen können. Das biegt sich unter geräuchertem und gebeiztem Lachs, Shrimps in vielerlei Variationen, warmen Gerichten und jeder Menge Beilagen. Der Pianist live am Flügel ist so inklusive wie Aperitif, Kaffee und Tee.

Im ArabellaSheraton Grand Hotel, Konrad-Adenauer-Str. 7, FFM-City-Ost, Tel. 29 81-0, tägl. 6.30-14 u. 18-22.30 Uhr, FS bis 11.30, Brunch: So 12-15 Uhr. BR-Buffet: DM 65, Kinder (6-12 J.) DM 32,50.

Gasthaus zum Bären

Im Bären wird gelärmt, gelacht und jeden Sonntag ein Brunch-Buffet aufgebaut. Gäste jeden Alters, sitzen an blanken Holztischen, zwischen wunderbar kitschigen Ölgemälden und wurmstichigen Kredenzen. Das Buffet bietet für alle was, von Pasteten und Lachs über Wild und Geflügel bis zu Apfelstrudel und roter Grütze. Den Kleinen werden auf Wunsch auch Pommes oder Fischstäbchen serviert.

Höchster Schloßplatz 8, FFM-Höchst, Tel. 30 93 43, Mo-So 10-23 Uhr, Brunch: (nur Okt-März) So 11-15 Uhr. Brunch DM 28, Kinder (4-14 J.) DM 1,50 pro Lebensjahr.

Café Filmriss

Zur Kinowerkstatt »mal seh'n« gehört auch ein nettes Café, das leider nur sonntags zum Frühstück lädt. Dann wird in der wunderschönen Location mit dem freundlichen Service ein Megabuffet aufgebaut, das keine Wünsche offen lässt: Käse, Wurst, Lachs, Obstsalat, Jogurt, Müsli, gekochte Eier und viele knusprige Brot- und Brötchensorten.

Adlerflychtstr. 6, FFM-Nordend, Tel. 597-08 45, Mo-Do 19-1, Fr/Sa 15.30-1, So 11-1 Uhr, Brunch: So 11-14 Uhr. Buffet (inkl. 1 Heißgetränk) DM 13,50.

davor-danach

Im City Hilton Hotel, Münsterstr. 121, Mainz-Altstadt, Tel. 06131-27 80, tägl. 6.30-24 Uhr, FS bis 10.30 Uhr, Brunch: So 12-15 Uhr. Brunch-Buffet (inkl. Getränke) DM 43.

Es nennt sich Brunch, doch das Sonntagsbuffet im City Hilton ist einfach umwerfend. Die Frühstücksecke ist mit allen Klassikern bestückt. Damit halten sich aber die wenigsten Gäste auf, die meisten steuern geradewegs auf die opulenten Vorspeisenplatten zu. Bei den Hauptgerichten stehen immer Fleisch, Geflügel und Fisch zur Auswahl. Ob Sekt oder Schokolade: Leere Tassen und Gläser werden beliebig oft wieder gefüllt.

Havanna

Marktstr. 10, Wiesbaden-Stadtmitte, Tel. 0611-910 06 44, Mo-So 11-2 Uhr, FS: 11-14 Uhr. Havanna (inkl. Heißgetränk) DM 18,50, So-Buffet (inkl. Heißgetränk) DM 19.

Die jüngeren Schönen der Landeshauptstadt schlagen auf der Havanna-Terrasse bei gutem Wetter geradezu Wurzeln. Doch auch drinnen lässt man sich gern sehen und bedient sich sonntags am üppigen Frühstücksbuffet, das keine Wünsche offen lässt. Wochentags wird à la carte bestellt, am liebsten das »Havanna« mit (fast) allem, was auch sonntags auf dem Buffet zu finden ist.

Lüster

Würzburger Str. 38, FFM-Bornheim, Tel. 44 63 31, Mo-Do 17-1, Fr/Sa 17-3, So 10-1 Uhr, Brunch: So 10-15 Uhr. Buffet DM 18.

»Früh kommen und spät gehen« lautet die Sonntagsdevise. Wer erst einmal seinen Platz (reserviert) hat, kann sich in dem freundlichen Ecklokal satt essen. Zum »normalen« Frühstücksangebot auf dem Buffet – Eier und Crêpes werden nach Wunsch frisch zubereitet – gehören auch dicke, eingelegte Oliven, Schafskäse und ein warmes Gericht, meist asiatisch angehaucht. Bei gutem Wetter wird alles im Freien serviert.

Bistro Kavaliersbau

Ins Jagdschloss Kranichstein luden einst die hessischen Großherzöge ihre Jagdgesellschaft ein. Heute »jagen« Gäste, vor allem sonntags und bei gutem Wetter, hinter den besten Plätzen her. Die Bistro-Terrasse gilt als schönste Darmstadts. Zum kompletten Frühstücksangebot brutzelt der Koch frische Eierspeisen, bevor man zu Deftigerem mit Vorspeisen, Suppen, mindestens drei Hautgerichten und vielerlei Desserts übergeht.

Kranichsteiner Str. 261, Darmstadt-Kranichstein, Tel. 06151-977 90, tägl. 7-18 Uhr, FS bis 11 Uhr, Brunch: So 11-14 Uhr. Buffet DM 49, Kinder (3-12 J.) DM 24,50.

Heddemer Stubb

Frankfurts Fastnachtsstadtteil »Klaa Paris« hat mit der Heddemer Stubb seine erste Sonntagsattraktion. Frische Farben an den Wänden und liebevolle Dekorationen schaffen ein heimeliges Ambiente, in dem sich vor allem Familien aus der Nachbarschaft wohlfühlen. Die Bandbreite der Küche lernen sie beim Sonntagsbrunch kennen, der starken Akzent auf dem Frühstücksangebot hat, abgerundet durch wechselnde Warmgerichte.

Habelstr. 11, FFM-Heddernheim, Tel. 57 00 21 21, Mo-Sa 17-24, So 10-14.30 u. 17-24 Uhr, Brunch: So 10-14.30 Uhr. Brunch (inkl. Getränke) DM 19,90, Kinder (bis 10 J.) gratis.

Mövenpick

Kaum ein Frankfurter Brunch wird von mehr Hungrigen gestürmt, Plätze sind vor allem auf der Terrasse begehrt. Schlemmen Sie, so viel Sie wollen, an mehreren Buffetinseln, mit wunderbaren Antipasti, eingelegten Gemüsen, Salaten, Shrimps & Co. An der »warmen« Station wird live gekocht und man darf sogar Wünsche äußern. Bei den Desserts werden nicht nur Kinderaugen groß.

Opernplatz 2, FFM-City, Tel. 206 80, Mo-So 8-24 Uhr, FS bis 11 Uhr, Brunch: So 11-14 Uhr. Brunch (inkl. Getränke) DM 42. Kinder (bis 140 cm) DM 21.

Schwarzer Bock

Der Sonntagsbrunch im Radisson ist kein Geheimtipp mehr, den sich nur Freunde zuraunen. Was Chefköchin Röder jeden Sonntag im Spiegelsaal des charmanten Hotels auftischt, hat große Klasse. Klar, dass das komplette Frühstücksangebot nicht fehlt. Für danach warten die Schmankerln der »Themenecke«, die jede Woche aus einer anderen Region stammen: Mal hessische Wurstspezialitäten, mal Antipasti, mal französisch oder spanisch. Damit nicht genug, es locken frische Salate, vier Hauptgerichte mit Fisch, Fleisch und Geflügel, wechselnde Beilagen, Käse und Desserts zum Dahinschmelzen. Livemusik, antike Ölgemälde und blitzende Kristalllüster bilden den perfekten Rahmen.

Im Radisson SAS Hotel, Am Kranzplatz 12, Wiesbaden-Stadtmitte, Tel. 0611-155-0, tägl. 6.30-23 Uhr, FS bis 10.30 Uhr, Brunch: So 11.30-15 Uhr. Buffet DM 45, Kinder (6-14 J.) DM 2 pro Lebensjahr.

Indefinite

Unbestimmt, wie der Name andeutet, ist hier gar nichts. Eine der Frankfurter Topadressen in Sachen Frühstück für die jüngere Szene. Sonntags schlemmt sie vom Buffet, das zum Spitzenpreis Kaffee und Orangensaft einschließt. Vier verschiedene Frühstücksvariationen garantieren unter der Woche Frühstückswonnen, etwa »german« mit Butter, Marmelade, Nusscreme, Ei, Schinken, Salami, Käse, Brötchen, Croissant und »endlosem« Kaffeenachschub (»refill«). Besonders stattlich fallen die Eiergerichte aus, erinnerungswürdig gut die Pancakes mit Ahornsirup. Kein Wunder, dass der Service kaum nachkommt.

Sandweg 64, FFM-Nordend, Tel. 43 50 55, Di-So 10-2 Uhr, Brunch: So 10-15 Uhr. Brunch (inkl. Kaffee) DM 15, German (inkl. Heißgetränk) DM 9, Pancakes DM 6.

Brasserie Od-Odal

Manche nehmen zum Frühstück nur einen Milchshake, während sie dienstags und freitags auf der Terrasse dem Markttreiben um den Laternenfestbrunnen zusehen. Andere lassen den Morgen »italienisch« angehen und köpfen zu Salami und Ciabatta eine Flasche Prosecco oder setzen auf »das etwas andere« Frühstück mit Muffins, Bagels und Cream-Cheese-Belag.

Louisenstr. 15, Bad Homburg-v.-d.-Höhe, Tel. 06172-26 96 98, Mo-So 10-24 Uhr, FS bis 14 Uhr. Das etwas andere FS (inkl. Getr.) DM 12,80, Ital. FS für 2 Pers. (inkl. Getr.) DM 65.

Flipper

Draußen sitzen, köstlich frühstücken, was bleibt da anderes zu sagen als: »Flipper ist unser Freund«? Vom »existenziellen« Frühstück (Brötchen, Butter, Marmelade) über »gemischtes« mit Schinken, Käse, Brotkorb, Konfitüre und Nutella bis zum »Luxusfrühstück« mit Lachs, Forelle, Shrimps und Prosecco wird die gesamte Palette zitiert und angeboten.

Berger Str. 86, FFM-Bornheim, Tel. 44 33 05, Mo-Do 9-24, Fr/Sa 9-1, So 10-24 Uhr. Existenzielles FS DM 5, Gemischtes FS DM 14,50, Sektfrühstück DM 19,50.

Lumen Café Bar Restaurant

Lumen ist lateinisch, heißt Licht und passt zum Glaspavillon auf der historischen Markthalle. Auf der größten Terrasse Wiesbadens geht man mit der Saison, etwa beim Marktfrühstück mit Schmankerln je nach Angebot. Elf Komplett-Frühstücke sind nach berühmten Straßen benannt. Von der süßen »Sesamstraße« geht es über den gesunden »Trimmpfad« (mit »Veggiesülze«!) zu den feinen Extras. Zum Sonntagsbrunch dagegen führt ohne Reservierung kein Weg.

Marktplatz, Wiesbaden-Stadtmitte, Tel. 0611-30 02 00, Mo-So 8.30-1 Uhr, FS: 8.30-12 Uhr, BR: So 11-14.30 Uhr. Sesamstraße DM 7, Trimmpfad DM 14, So-Brunch DM 46 (inkl. Heißgetränke, Säfte), Kinder (unter 130 cm) DM 23.

Pacific Colours

Im Hilton Hotel, Hochstr. 4, FFM-City, Tel. 13 38 00 30, tägl. 6.30-23.30 Uhr. FS: 6.30-10 Uhr, Brunch: So 11.30-15 Uhr. Frühstücksbuffet (inkl. Getränke) DM 34, Brunch (inkl. Getränke) DM 68.

Wer hat die schönste Terrasse im ganzen Land? Das »Restaurant on the Park« könnte sie besitzen. Mit Blick auf das romantische Nebbiensche Gartenhaus wähnt man sich überall, nur nicht im Anlagenring. Auch im Glas-Atrium kommt luftiges Open-Air-Feeling auf. Wochentags bedienen sich dort am Frühstücksbuffet v.a. Hotelgäste. Sonntags laben sich Frankfurter am kalifornisch inspirierten Brunch-Buffet mit Champagner.

Café im Liebieghaus

Schaumainkai 71, FFM-Sachsenhausen, Tel. 63 58 14, Di-Sa 12-20, So 10-20 Uhr, BR: So 10-14 Uhr. BR-Buffet DM 19,50.

Inmitten leicht verwitterter Skulpturen sitzt man im verwunschenen Park einer herrschaftlichen Villa, die längst zum Museum geworden ist. Sonntags bittet die Chefin zum Brunch-Buffet, das sie mit viel Liebe stets ein wenig anders aufbaut. Gegessen wird, was »auf den Tisch kommt«, und das wären z.B. Saft, frische Salate, Schafskäse, Lachs, Schinken, Müsli, Jogurt...

Café Rosso in der Alten Oper

Opernplatz 1, FFM-City, Tel. 13 40-215, tägl. 10-22 Uhr, FS: Okt-März Sa/So 11-15 Uhr, April-Sep tägl. 11-15 Uhr. Kleines FS DM 6,50, Opern-FS DM 16,80.

Unter roten Sonnenschirmen zwischen grünen Buchsbäumen darf man sich wie in Frankreich fühlen, vor sich das kleine Frühstück mit Croissants und Kaffee, einen Croque Monsieur oder – als ganz großen Wurf – das »Opern-Frühstück« mit Schinken, Käse, Marmelade, Honig, Croissant, Brötchen und frisch gepresstem Orangensaft. Ein Heißgetränk ist jeweils inklusive.

Forsthaus Restaurant

Ohne Reservierung gibt es keinen Platz am Buffet im »Kempi«. Dort wird in lauschigem Waldidyll aufgetischt, was Küchenchef Heinz Imhoff auch den Jungs der deutschen Fußball-Nationalmannschaft anrichtet. Da fehlen nach den Vorspeisen nie Roastbeef, Fisch, Lachs und Shrimps, Gemüse, Salate oder süße Sünden. Wechselnd sind die kulinarischen Monatsthemen wie Karibik, Seafood oder Italien.

Im Kempinski Hotel, Neu-Isenburg-Gravenbruch, Tel. 06102-505-0, tägl. 6.30-14 u. 18.30-22.30 Uhr, FS bis 10.30 Uhr, Brunch: So 11.30-14.30 Uhr. Brunch DM 57,50, Kinder (nach Alter) DM 18-36.

Scheuer im Mühltal

Deftig, deftig. In der urigen Gartenwirtschaft gehen hessische Apfelweintradition und Wiener Heuriger eine bewährte Mischung ein. Die Gäste, häufig per Drahtesel unterwegs, bedienen sich am Buffet selbst. Es geht deftig zu beim Scheuer-Frühschoppen mit Haxen, Frikadellen, Leberkäs und Beilagen, die nach Gewicht berechnet werden. Der Garten mit seinem Spielplatz ist ein wahres Kinderparadies.

Außerhalb 12 (bei der Merzenmühle), Langen, Tel. 06103-92 88 88, Mo-Mi, Fr 15-23.30, So 11-23.30 Uhr, Brunch (nur im Sommer): So 11-23 Uhr. Gefüllte Paprika ca. DM 5,80, 100 g Salat ab DM 2,80.

Restaurant Unterschweinstiege

Das ehemalige Forsthaus ist eine nie vermutete Oase am Rande des Stadtwalds. Für Eltern ist hier ungestörtes Brunchen möglich, weil die Kids im »Willi Wildschwein-Club« betreut werden und zusammen mit Gleichaltrigen essen. Wenn sie ihre Adresse hinterlassen, bekommen sie regelmäßig Club-Post. Kein Wunder, dass der Brunch oft ausgebucht ist.

Unterschweinstiege 16, FFM-Flughafen, Tel. 69 75-25 00, tägl. 11.30-24 Uhr, BR: So 10-15 Uhr. BR-Buffet (inkl. Getränke) DM 47, Kinder (bis 12 J.) DM 18.

Lohrberg

Der Aufstieg auf den Frankfurter Hausberg ist zwar etwas beschwerlich, doch die Mühe lohnt, auch mit Korb fürs Frühstückspicknick. Ein traumhafter Ausblick auf Frankfurt, den Fechenheimer Mainbogen, Offenbach und bei guter Sicht sogar bis zum Spessart und Odenwald entschädigt. Auf ausgedehnten, teils schattigen Wiesen lässt man sich nieder und die Kinder herumtoben. Die Lohrbergschänke löst Nachschubprobleme.

Lohrberg, FFM-Seckbach/Bergen-Enkheim. Anfahrt: Buslinien 30, 69 (bis Heiligenstock) oder 43 (bis Draisbornstraße). Parkplätze am Friedrich-Heyer-Weg. Lohrbergschänke Di-So 11-23 Uhr.

Neroberg

Wiesbaden zu Füßen, aber auch nach Mainz und noch viel weiter reicht der fantastische Ausblick von Wiesbadens Hausberg und feinster Wohnadresse. Frühstücken geht hier ganz einfach: Nach der Fahrt in der Bergbahn lassen Sie sich in der Erlebnismulde neben dem Café nieder, packen aus und rasten. Bewegungsfreaks können sich im Opelbad in kühlen Fluten tummeln und mit Planschen und Essen den Tag verbringen.

Neroberg, Wiesbaden-Neroberg. Anfahrt: Stadtbus 1 von der Wiesbadener Innenstadt ins nördliche Nerotal bis Endstation, dort in die Nerobergbahn (April-Okt) umsteigen.

Licht- und Luftbad

Das ehemalige städtische Bad heißt heute wegen seiner Lage nur noch »Insel«. Im Main gelegen, mit leicht verwilderten Wiesen und altem Baumbestand, ist sie bei jedermann beliebt. Wer den Picknickkorb zu Hause lassen möchte: Gelegentlich werden Sonntagsbrunchs (Termine telefonisch erfragen) unter dem Motto »Reif für die Insel« organisiert.

Atlantis e.V., Niederräder Ufer, FFM-Niederrad, Tel. 670 85 56. Anfahrt: Tram Nr. 15, 19, 21 bis Heinrich-Hoffmann-Straße. Brunch ab DM 10.

Wie wär's mal mit ...

... einem prickelnden Sektfrühstück
Servieren Sie neben eisgekühltem Jules Mumm Dry feinen Krabbensalat und geräucherten Lachs. Dazu passen frische Brötchen oder knusprige Croissants. Süße Schleckermäuler freuen sich über ein Schälchen mit Erdbeermarmelade und Honig. Frisches Obst und Orangensaft, nach Belieben frisch gepresst, runden den Genuss ab. Wenn Sie Ihre Gäste mit etwas Besonderem überraschen möchten, servieren Sie Jules Mumm auf Eis oder auf selbst gemachten Fruchtsaftwürfeln.

... gesundem Frühstück
Frische wird beim gesunden Frühstück groß geschrieben. Neben frischem Obst – je nach Jahreszeit Äpfel, Birnen, Apfelsinen, Mandarinen, Pfirsiche oder Nektarinen – können Sie auch kleine Rohkostteller anrichten. Dafür eignen sich z.B. Paprika, Möhren und Gurke. Reichen Sie den Schafkäse-Brotaufstrich (S. 48) als Dip dazu. Zum Trinken gibt's schwarzen oder grünen Tee oder Kakao. Und für eine große Käseplatte begeistern sich nicht nur Vegetarier. Köstliche Brotaufstriche – selbst gemacht oder im Reformhaus oder Bioladen gekauft – runden das Frühstück ab. Dazu schmeckt körniges Vollkornbrot. Und natürlich darf eine große Schüssel Müsli nicht fehlen.

... exotischem Frühstück
Beginnen Sie den Tag doch mal wie die Menschen in Asien mit Reis, z.B. europäisch abgewandelt als Salat (S.61). Oder wie wäre es – zum Sattwerden – mit einem leckeren Pfannkuchen zum Frühstück. Richtig exotisch werden die Eierkuchen, wenn Sie kleine Bananenstücke unter den Teig rühren. Echtes Tropenfeeling macht sich breit, wenn Obst aus fernen Ländern auf den Tisch kommt: von der Ananas über Mango und Maracuja bis zur Litschi. Mit den Früchten können Sie übrigens auch tolle Säfte und Milchdrinks mixen.

So gelingt ...

... das Überraschungsfrühstück im Bett

Bringen Sie Ihren Liebsten doch mal das Frühstück ans Bett. Wichtig: der Einkauf am Abend vorher! Die Zutaten für die Überraschung am Morgen können Sie getrost nach dem Motto »weniger ist mehr« auswählen. Ein Gläschen Sekt, z.B. Jules Mumm Dry, ein Glas Orangensaft, etwas geräucherter Lachs, ein paar Erdbeeren oder anderes Obst und ein wenig Kirschkonfitüre – völlig ausreichend für den Morgenschmaus. Tipp: Servieren Sie dazu ein paar Scheiben Toastbrot, das krümelt weniger als Brötchen oder Croissants.

... das Sommer-Frühstück auf Balkon oder Terrasse

Glücklich, wer für ein Frühstück im Freien nicht extra raus ins Grüne fahren muss, sondern die frische Luft auch mal auf die Schnelle auf Balkon oder Terrasse genießen kann. Decken Sie Speisen besser ab, sonst haben Sie – zumindest im Spätsommer – ungebetene Gäste: Wespen, die nicht nur Süßes magisch anzieht. Ein Teller Zuckerwasser in reichlich Entfernung hilft, die Plagegeister vom Tisch abzulenken. Wunder wirken soll auch eine mit Nelken gespickte Zitrone: Auf den Duft des orientalischen Gewürzes reagieren die Insekten allergisch. In jedem Fall sollte man Flaschen verschlossen halten.

... das Picknick im Grünen

»Wochenend und Sonnenschein...« – wie wär's mit einem Ausflug ins Grüne? Packen Sie Ihren Picknickkorb voller Leckereien, schnappen Sie sich Freunde und Familie und los geht's. Breiten Sie auf einer Wiese die Decke aus und überraschen alle mit Leckereien, z.B. einer Porreetarte (S.68) oder gefüllten Croissants (S.44). Nicht vergessen: Decke, Thermoskanne, Flaschenöffner, Teller, Gläser, Besteck, Servietten und Mülltüten. Außerdem nützlich: Klappstühle, Kissen, Insektenschutz, Sonnenhut, Kühltasche und Ballspiele.

So gelingt ...

... die Brunch-Party

Zu Ostern, zu Weihnachten, zum Geburtstag oder einfach so – für eine Einladung zum Brunchen gibt es immer einen Anlass. Zu spät fürs Frühstück, zu früh fürs Mittagessen, das Brunch-Buffet hat von beiden Mahlzeiten das Beste: Da gibt es selbstverständlich einen Brotkorb mit verschiedenen Brotsorten, Brötchen und Croissants. Und alles andere, was zum guten Frühstück gehört, wird aufgetafelt: Butter, Marmelade und Honig, Käse und Aufschnitt sowie frisches Obst, das Sie übrigens hervorragend zum Garnieren einzelner Platten verwenden können. Hinzu kommen die Gerichte, die dem Mittagessen abgeschaut sind: leckere Suppen, herzhafte Antipasti, gefüllte Teigtaschen, Eierspeisen oder Gemüsekuchen. Der Fantasie sind keine Grenzen gesetzt. Und weil nach so viel Schlemmerei sich irgendwann der Appetit auf Süßes einstellt, sollten auch Kuchen und Nachspeisen nicht fehlen. Stellen Sie das Buffet ganz nach Ihrem Geschmack zusammen. Jede Menge Anregungen und Rezepte finden Sie im anschließenden Rezeptteil.

Nicht ganz einfach ist die Mengenplanung, denn da jeder alles kosten möchte, isst kaum jemand eine ganze Portion von jeder Spezialität – Portionsangaben sind also nicht ganz zuverlässig. Planen Sie insgesamt aber im Zweifelsfall lieber zu viel als zu wenig ein. Denn bei einem Brunch-Fest, das je nach Gusto zwischen 11 und 12 Uhr losgeht, ist immer damit zu rechnen, dass die Gäste bis zum späten Nachmittag oder sogar bis zum frühen Abend bleiben. Damit Sie morgens nicht um 6 Uhr aufstehen müssen oder Ihre Gäste stundenlang aufs Essen warten, sollten Sie am Vorabend alle Speisen fertig zubereitet oder zumindest so weit wie möglich vorbereitet haben. Am Brunch-Tag heißt es dann nur noch Tisch decken, Kaffee und Tee kochen und die Dinge zubereiten, die frisch auf den Tisch müssen.

Schnelle Croissants

(12 Stück)

500 g gekühlter Frischteig für Croissants • 1 Eigelb • 3 EL Milch

herzhafte Variante: 30 g gekochter Schinken • 30 g fein gewürfelter oder geriebener Käse

süße Variante: 30 g klein gehackte Schokolade oder 30 g fein gewürfelte Marzipanrohmasse

Backofen auf ca. 200 Grad vorheizen (s. Packungsanweisung), Teig ausrollen, laut Packungsanweisung Rechtecke ausschneiden, diese diagonal durchschneiden, damit Sie 12 Dreiecke erhalten. Die Dreiecke für die herzhafte Variante mit Schinken und Käse, für die süße Variante mit Schokolade oder Marzipan bestreuen und von der breiten Seite zur Spitze hin aufrollen, sodass kleine Hörnchen entstehen. Die Croissants auf ein mit Backpapier ausgelegtes Blech legen, Eigelb und Milch verrühren und die Croissants mit der Masse bestreichen. Im vorgeheizten Backofen nach Packungsanleitung ca. 12 Minuten backen.

Brot auf die Schnelle

500 g Weizenvollkornmehl
1/2 Würfel Hefe
1 Tasse Leinsamen
1 EL Essig • 1 TL Salz
500 ml warmes Wasser
je nach Geschmack 50 g Sonnenblumenkerne oder Rosinen

Mehl in eine Schüssel geben, in die Mitte eine Mulde drücken. Hefe hineinbröckeln. Leinsamen, Essig, Salz und Wasser hinzufügen. Alles mit dem Schneebesen oder in der Küchenmaschine gut verrühren. Eine Königskuchenform fetten und den Teig hineinfüllen – im Gegensatz zu den meisten Hefeteigen nicht gehen lassen! Den Teig in der Mitte der Länge nach mit einem Messer einschneiden. Dann in den kalten Backofen schieben, sodass die Form in der Mitte des Ofens steht, und ungefähr eine Stunde bei 200 Grad backen. Je nach Geschmack können Sie noch 50 g Sonnenblumenkerne oder Rosinen unter den Teig mischen. Das Brot vor dem Servieren abkühlen lassen.

Quarkbrötchen

250 g Magerquark • 1 Ei • 1 Prise Salz • 250 g Weizenvollkornmehl
1 Päckchen Backpulver

Quark, Ei und Salz mit dem Knethaken des Handrührgerätes vermengen. Das mit Backpulver vermischte Vollkornmehl nach und nach darunter kneten. Aus dem Teig mit bemehlten Händen runde Brötchen formen und auf ein gefettetes Backblech setzen. Im vorgeheizten Ofen auf der mittleren Schiene bei 200 Grad ca. 20 bis 30 Minuten backen.

Erdbeer-Konfitüre mit Sekt

500 g Erdbeeren
500 g Extra-Gelierzucker (2:1, für 1 kg Früchte)
500 ml Sekt, z.B. Jules Mumm Dry

Erdbeeren putzen, klein schneiden und mit dem Pürierstab pürieren. Das Erdbeerpüree mit der Hälfte des Gelierzuckers in einen großen Topf geben, vermischen und aufkochen lassen. Restlichen Zucker hinzugeben und drei Minuten sprudelnd kochen lassen. Sekt unterrühren und die Konfitüre sofort in drei vorbereitete Gläser füllen. (Ergibt 3 Gläser à 400 g.) Tipp: Wenn Ihre Kinder auch von der Marmelade essen möchten, können Sie statt Sekt auch Orangensaft verwenden.

Sekt-Johannisbeer-Gelee

250 g Rote Johannisbeeren
500 g Super-Gelierzucker (für 1.250 ml Fruchtsaft) • 400 ml klarer, ungesüßter Johannisbeersaft
600 ml Sekt z.B. von Jules Mumm
eventuell ein Päckchen (5 g) Zitronensäure

Abgezupfte, gewaschene, gut abgetropfte Johannisbeeren mit dem Gelierzucker in einen großen, hohen Topf geben. Einen Klecks der Masse auf einer Untertasse für die Gelierprobe in den Kühlschrank stellen. Saft und Sekt mit den gezuckerten Johannisbeeren mischen und unter ständigem Rühren zum Kochen bringen. Drei Minuten sprudelnd kochen lassen. Wird das Gelee auf der Untertasse jetzt bereits fest, füllen Sie das heiße Gelee in vorbereitete Gläser. Ist die Gelierprobe noch zu flüssig, geben Sie ein Päckchen Zitronensäure (5 g) in den Topf, bringen die Masse erneut zum Kochen und lassen sie mindestens noch eine Minute sprudelnd kochen. Beim Einfüllen in die Gläser darauf achten, dass die Früchte gleichmäßig verteilt werden. Gläser verschließen und anschließend immer wieder umdrehen, damit die Johannisbeeren nicht an der Oberfläche schwimmen. (Ergibt 4-5 Gläser à 250 g.)

Feiner Eier-Aufstrich

(Für 4 Personen)
4 Eier • 1 EL weiche Butter
2 EL Sahne • 1 EL scharfer Dijon-Senf • 1 TL edelsüßes Paprikapulver
200 g Emmentaler

Die Eier zehn Minuten hart kochen. Abschrecken, schälen und halbieren. Die Eiweiße in kleine Würfel schneiden. Die Eigelbe mit einer Gabel zerdrücken und dann mit Butter und Sahne gut vermischen. Die Masse mit Senf und Paprikapulver abschmecken. Zum Schluss fein gewürfelten Käse und Eiweiß unterrühren.

Schafkäse-Quark-Aufstrich

(Für 4 Personen)
150 g milder Schafkäse
150 g Magerquark
1 Becher Sahne-Jogurt (175 g)
2 EL eingelegter Tomatenpaprika
Salz • 1 EL edelsüßes Paprikapulver
5 Tropfen Tabascosauce
1 Knoblauchzehe (nach Geschmack)

Den Käse mit einer Gabel zerdrücken und mit dem Quark und dem Sahne-Jogurt zu einer Creme verrühren. Den Tomatenpaprika fein würfeln und unter die Käsecreme rühren. Mit Salz, Paprikapulver und Tabasco pikant abschmecken. Je nach Geschmack Knoblauch schälen, fein hacken oder durch die Presse drücken und den Aufstrich damit verfeinern.

Forellen-Aufstrich

(Für 4 Personen)
250 g Räucherforellenfilets
weißer Pfeffer
1/2 TL gemahlener Koriander
2 EL Zitronensaft
2 EL Crème fraîche
100 g Schlagsahne
2 EL gehackte Mandeln

Fischfilets mit einer Gabel grob zerteilen. Im Mixer zusammen mit Pfeffer, Koriander, Zitronensaft und Crème fraîche fein pürieren und kalt stellen. Sahne steif schlagen und zusammen mit den gehackten Mandeln unter die Fischmasse heben. Das Forellenpüree mit Salz und Pfeffer abschmecken und bis zum Servieren kühl stellen.

Exotisches Müsli mit Quark

(Für 4 Personen)

2 Orangen • 1 Banane • 2 Kiwis
1 Maracuja • 1 Mango
300 g Quark
300 g Jogurt
4 EL Honig
Saft einer Zitrone
Saft einer Orange
12 EL Dreikornflocken
2 EL Kokosflocken
160 g Pecannüsse oder Mandeln

Orangen schälen, nach Geschmack entweder klein schneiden oder filetieren. Banane und Kiwis schälen und in Scheiben schneiden. Maracuja schälen und ebenfalls in Scheiben schneiden. Mango schälen und in kleine Stücke schneiden. Quark und Jogurt mit Zitronen- und Orangensaft verrühren. Dann den Honig unterrühren. Pecannüsse grob hacken bzw. Mandeln überbrühen, häuten und ebenfalls hacken. Quark-Jogurt-Mischung über die Früchte geben. Nüsse und Flocken darüber streuen und servieren.

Trockenobst-Müsli

(Für 2 Personen)

6-10 Trockenpflaumen
6-10 Trockenaprikosen
4 EL Haferflocken
2 EL Hirseflocken
2 TL Leinsamenschrot
12 Walnusshälften • 2 EL Jogurt
2 TL Honig • 1 Banane • 1 Apfel
2 EL Zitronensaft

Pflaumen und Aprikosen vierteln oder achteln und über Nacht in wenig Wasser einweichen.Den Apfel schälen und grob raffeln. Flocken und Schrot mischen. Die Nüsse nach Belieben grob oder fein hacken und unterheben. Jogurt, Honig, zerdrückte Banane, geraffelten Apfel und Zitronensaft gut verrühren. Die Soße über die Müsli-Mischung geben. Zum Schluss die Trockenobststücke darüber streuen.

Apfel-Schoko-Müsli

(Für 4 Personen)

50 g Vollmilch-Schokolade
50 g weiße Schokolade
75 g gemischte Vollkornflocken
100 g getrocknete Aprikosen
4 säuerliche, feste Äpfel (z.B. Boskop, Cox Orange)
2 EL Zitronensaft • ca. 1/2 l Milch

Die Schokolade fein hacken und mit den Vollkornflocken mischen. Die Aprikosen fein würfeln und ebenfalls untermischen. Die Äpfel waschen. Zwei Äpfel klein würfeln, im Zitronensaft wenden. Die beiden übrigen Äpfel grob raspeln. Ebenfalls im Zitronensaft wenden, dann mit den gewürfelten Äpfeln zu den Vollkornflocken geben. Zum Servieren die Milch darüber gießen.

Bananen-Hafer-Müsli

(Für 2 Personen)

100 g Haferflocken
2 TL gehackte Mandeln
2 TL Rosinen • 2 Äpfel
2 Bananen • 1/4 l Milch • 2 TL Honig

Äpfel und Bananen schälen. Äpfel grob raffeln, Bananen in Stücke schneiden. Haferflocken mit Mandeln und Rosinen mischen, mit Milch und Honig verrühren. Äpfel und Bananen unterheben.

Fladenbrot mit Schafkäse-Füllung

(Für 6 kleine Fladen)

Brot:

500 g Mehl • 1 Päckchen Trockenhefe • 2 Eier
125 ml lauwarmes Wasser
1 EL Salz • 1 EL Zucker • 4 El Jogurt

Füllung:

2 El Olivenöl • 2 Zwiebeln
je 1 rote und grüne Paprikaschote
250 g Schafkäse
1 Tasse gehackte Petersilie
1 EL Paprika edelsüß • Pfeffer • Salz

Hefeteig: Mehl in eine große Schüssel geben, in die Mitte eine Mulde drücken. Dort hinein Trockenhefe, Eier, Wasser, Salz, Zucker und Jogurt geben. Mit den Händen oder den Knethaken des Mixers zu einem glatten Teig kneten. Die Schüssel mit einem Tuch abdecken und das Ganze an einem warmen Ort etwa eine halbe Stunde gehen lassen.

Inzwischen Zwiebeln, Schafkäse und Paprika würfeln. Öl in einer Pfanne erhitzen und Zwiebelwürfel darin glasig dünsten. Zwieben, Paprika, Schafkäse, Petersilie und Paprikapulver in einer Schüssel vermischen. Mit Pfeffer und Salz abschmecken. Vollständig erkalten lassen.

Den Hefeteig nochmals kräftig durchkneten und eine weitere halbe Stunde gehen lassen Den Backofen auf 180 Grad vorheizen. Anschließend mit bemehlten Händen zwölf kleine Teigkugeln formen und sie auf einer bemehlten Arbeitsfläche dick ausrollen. Füllung auf die Fladen verteilen, Fladen zusammenklappen, die Ränder gut aneinander drücken. Auf ein bemehltes Backblech setzen und im Backofen 15 bis 25 Minuten backen.

Gefüllte Blätterteigtaschen

(Für 6-10 Taschen)

1 Packung TK-Blätterteig • 300 g TK-Blattspinat • 1 kleine Zwiebel
etwas Butter • 30 g Crème fraîche
nach Belieben 1/2 Knoblauchzehe
Salz • Pfeffer • Muskatnuss • 100 g geriebener mittelalter Gouda • ein Eigelb zum Bestreichen

Blätterteig nach Packungsanweisung

auftauen. In der Zwischenzeit Spinat in wenig Wasser gar kochen, Zwiebel abziehen, fein hacken und in etwas Butter im Topf andünsten. Eventuell fein gehackten Knoblauch mitdünsten. Abgetropften Spinat und Crème fraîche hinzugeben und einige Minuten weiterdünsten. Mit Salz, Peffer und Muskatnuss würzen. Blätterteig laut Anweisung ausrollen, 6 bis 10 Quadrate ausschneiden. In die Mitte die Spinatmasse geben, mit Käse bestreuen und die Ecken zur Mitte umklappen und zusammendrücken. Mit Eigelb bestreichen und laut Packungsanweisung im Ofen ca. 30 Minuten backen.

Club-Sandwich

(1 Stück)

3 Scheiben Toastbrot • 3 Scheiben Bacon (Frühstücksspeck)

2 EL Mayonnaise • 2-4 Blätter Eisberg- oder Kopfsalat

2 Scheiben geräucherte Putenbrust (Aufschnitt) • 1 Tomate

Toastbrot toasten und alle Scheiben diagonal durchschneiden. Speck in einer Pfanne ohne Fett bei kleiner Hitze langsam ausbraten, auf Küchenpapier abtropfen lassen. Vier Sandwichstücke mit Mayonnaise bestreichen, zwei davon mit der Hälfte von Salat und Putenbrust belegen. Die restlichen beiden Sandwichstücke von beiden Seiten mit Mayonnaise bestreichen und auf die belegten Dreiecke legen. Darauf restlichen Salat, Tomatenscheiben und Speck legen, als Abschluss obendrauf mit den beiden übrigen Toasthälften abdecken.

»Jules Peach«

Eiswürfel • 2 cl Pfirsichlikör oder Pfirsichmark • Jules Mumm Dry

In ein Cocktail- oder Sektglas zwei Eiswürfel geben, Pfirsichlikör oder Pfirsichmark darüber gießen und den Drink mit Jules Mumm auffüllen.

»Jules Blue Grape«

Eiswürfel • roter Traubensaft Jules Mumm Dry

In ein Sektglas einen Eiswürfel und 2 cl roten Traubensaft füllen. Das Glas mit Jules Mumm auffüllen.

Variante: »Jules White Grape« – Nehmen Sie dafür anstelle von rotem Traubensaft weißen.

»Blue Jules«

Eiswürfel • 2 cl Blue Curaçao Jules Mumm Dry

In ein Sektglas zwei Eiswürfel geben, Blue Curaçao dazugießen und mit Jules Mumm auffüllen.

Sangría

2 Zitronen • 2 Orangen (mit unbehandelter Schale) • 1 kg Pfirsiche 5 Flaschen (spanischer) Rotwein je nach Geschmack 100-150 g Zucker • 1 Zimtstange • 3 Flaschen gut gekühlter Sekt (z.B. Jules Mumm Dry) • je nach Geschmack eine halbe Flasche Brandy und eine halbe Flasche Sherry-Cream

Am Vortag Pfirsiche halbieren, entkernen, überbrühen und häuten, danach die Hälften vierteln. Zitronen und Orangen in 1/2 cm dicke Scheiben schneiden. Rotwein in ein großes Gefäß schütten, Zitronen- und Orangen-Scheiben, Pfirsich-Stücke und Zimtstange sowie den Zucker hinzugeben. Abdecken und ca. acht Stunden ziehen lassen. Danach Zimtstange entfernen. Mindestens fünf Stunden kalt stellen. Kurz vor dem Servieren den Sekt unterrühren.

Für eine »stärkere« Variante die Hälfte des Obstes mit Brandy und Sherry-Cream in einem anderen Gefäß ansetzen und nach acht Stunden den Inhalt beider Gefäße vermengen.

Früchte-Bowle

1 Honigmelone • ca. 500 g Wassermelone • 2 Nektarinen • je 250 g grüne und blaue Weintrauben 250 g Himbeeren • 4 cl Himbeergeist • 1 l trockener Weiß- oder Roséwein • 1 Flasche trockener Sekt (z.B. Jules Mumm Dry) • 1 Zweig Zitronenmelisse

Die Honigmelone halbieren, mit einem Löffel die Kerne herausschaben, dann das feste Fruchtfleisch mit einem Löffel oder Kugelausstecher herauslösen. Wassermelone ebenfalls entkernen und in Stücke schneiden oder Kugeln ausstechen. Die Nektarinen überbrühen, schälen, entsteinen und klein würfeln. Weintrauben je nach Geschmack halbieren oder ganz lassen. Alle Früchte vermengen, Himbeeren zugeben, alles mit Himbeergeist beträufeln und eine Stunde kühl stellen. Eine halbe Stunde vor dem Servieren den Wein zugießen, dann die Bowle nochmals kühlen. Den Sekt erst kurz vor dem Servieren zugießen und die Bowle mit Melisseblättchen bestreuen.

Rote Johannisbeermilch

(Für 4 Personen)

200 g Rote Johannisbeeren • 100 g Himbeeren • 4 EL Apfelsaft • 1 Prise Zimtpulver • 1/4 l Buttermilch 1/4 l Milch

Johannisbeeren waschen und von den Rispen streifen, die Himbeeren verlesen. Alle Früchte im Mixer gut pürieren. Durch ein feines Sieb streichen, um die Kerne zu entfernen. Apfelsaft und Zimtpulver unterrühren. Nach und nach die Buttermilch und die Milch hinzugeben.

Melonen-Buttermilch

(Für 2 Personen)

1/4 reife Galia- oder Honigmelone 200 ml kalte Buttermilch • 1 EL Honig • 1 Messerspitze frisch geriebener Ingwer • 2 bis 3 Erdbeeren oder 2 frische Litschi

Melone schälen, Fruchtfleisch würfeln und im Mixer oder mit dem Pürierstab pürieren. Buttermilch, Honig und Ingwer zufügen. Die anderen Früchte waschen, schälen und entsteinen. Fruchtfleisch in Stücke schneiden und alles zusammen noch mal mixen. Gekühlt servieren.

Kefir-Himbeer-Drink

(Für 2 Personen)

125 g Himbeeren • 1 TL Vanillezucker 2 TL Zucker • abgeriebene Schale von 1/4 Zitrone • 250 g Kefir (1,5 % Fett) • ca. 2 EL geschlagene Sahne zum Garnieren • Eiswürfel

Himbeeren waschen und mit Vanillezucker, Zucker und Zitronenschale im Mixer gut pürieren. Den Kefir zum Püree geben und alles noch mal kurz auf kleinster Stufe mixen. In hohen Gläsern auf Eiswürfeln und mit Strohhalmen servieren. Mit einem Klecks Sahne garnieren.

Vitamin-Bombe

(Für 2 Gläser)

16 cl Blutorangensaft • 8 cl Zitronensaft • 6 cl Sanddornsirup • 2 cl Limettensirup • 2 TL Traubenzucker

Säfte und Sirups mischen, mit Traubenzucker süßen und in ein Longdrinkglas mit Eiswürfeln gießen.

Mandelwaffeln

(Für ca. 8 Waffeln)

100 g Butter oder Margarine • 6 EL Zucker • 6 Eier • 100 g gemahlene Mandeln • 200 g Mehl • 1 TL Backpulver • nach Belieben 2 EL Rum

Die Butter oder Margarine mit dem Zucker und den Eiern zu einem cremigen Teig rühren. Mandeln dazugeben und weiterrühren. Das Mehl mit dem Backpulver mischen, zum Teig geben und noch mal weiterrühren. Zum Schluss nach Belieben den Rum unterrühren. Das Waffeleisen aufheizen, eventuell einfetten und goldgelbe Waffeln backen.

Eier-Toast

(Für 4 Personen)

4 Eier • 4 EL Milch • Salz • 8 Scheiben Toastbrot • 60 g Butter • 8-12 Scheiben Bacon (Frühstücksspeck) Ahornsirup

Eier und Milch mit einer Gabel gut verquirlen. Eine Prise Salz zugeben. Toastbrot diagonal zu zwei Dreiecken schneiden und in der Eiermilch wenden, bis es die Eiermilch vollständig aufgesogen hat. In einer Pfanne in der Butter goldbraun braten und warm stellen. Den Speck in einer zweiten Pfanne sehr knusprig ausbraten. Toastscheiben mit Ahornsirup beträufeln, mit den Speckscheiben servieren. Auch ohne Ahornsirup und Speck schmecken die Eier-Toasts sehr lecker.

Bananencrêpes

(8 Stück)

Crêpes:
1/8 l Milch • 1/8 l Sahne
2 Eier • 100 g Mehl
2 EL Zucker • 1 Prise Salz
Butter zum Ausbacken
Füllung:
4 Bananen • 100 g Butter
Saft einer Zitrone
5 EL geröstete Kokosraspeln
2 EL Zucker
100 g Butter und 2 EL Zucker zum Überbacken

Milch, Sahne, Eier, Mehl, Zucker und Salz mit den Rührbesen des Handrührgerätes zu einem glatten Teig verrühren. Ca. 15 Minuten quellen lassen. Butter in einer beschichteten Pfanne zerlassen, aus dem Teig nacheinander 8 gleichgroße, hauchdünne Pfannkuchen ausbacken.
Für die Füllung Bananen schälen und würfeln, mit dem Zucker und dem Zitronensaft mischen. Butter schaumig rühren, Bananenwürfel unterheben, 4 EL Kokosraspeln dazugeben und alles gut mischen.
Backofen auf 230 Grad vorheizen. Füllung auf die Crêpes streichen, zu Tüten aufrollen und in eine feuerfeste Form setzen. Butter zerlassen und mit einem Pinsel auf den Crêpes verteilen. Mit Zucker und den restlichen Kokosraspeln bestreuen. Im Backofen nun noch kurz goldbraun überbacken.

Tipp: Selbstverständlich können Sie die Bananen auch durch jedes andere Obst ersetzen. Oder Sie servieren die Crêpes pur, nur mit etwas Puderzucker bestäubt.

Tipp: Lockere Sekt-Crêpes: Wenn Sie statt Milch und Sahne einen Medium Dry Sekt verwenden, werden die Crêpes besonders locker und luftig.

Herzhafter Nudelsalat mit Feta-Käse

(Für 8 Personen)

500 g Nudeln (z.B. Fusilli oder Penne) • Salz • 100 g schwarze Oliven ohne Kern • 100 g getrocknete, in Öl eingelegte Tomaten • nach Belieben 1-2 Knoblauchzehen • 4 EL Tomatenmark • 4 EL Sherry-Essig • 10 EL Olivenöl • Pfeffer • 250 g Feta-Käse

Nudeln nach Packungsanweisung bissfest kochen. In ein Sieb gießen und abtropfen lassen. Oliven und Tomaten fein hacken. Tomatenmark und Essig verrühren. Nach Belieben sehr fein gehackten Knoblauch hinzugeben. Zwei Esslöffel Wasser und das Olivenöl hinzufügen und gut unterrühren. Mit Salz und Pfeffer abschmecken. Den Feta-Käse zerbröckeln und mit den gehackten Oliven und Tomaten unterrühren. Schließlich alles mit den Nudeln vermischen. Den Salat vor dem Servieren mindestens zwei Stunden ziehen lassen.

Tipp: Sie können Oliven auch mit dem Kirschentsteiner entkernen, falls Sie keine kernlosen bekommen.

Geflügelsalat mit Linsen

(Für 8 Personen)

600 g Putenbrustfilet • 30 g Butterschmalz • Salz • Pfeffer • 4 EL Sojasoße • Saft einer Zitrone • 1/2 TL Sambal Oelek • 1 Bund Petersilie 2 EL Honig • 8 EL Öl • 2-3 Stangen Porree • 200 g rote Linsen

Am Vorabend: Putenfleisch abspülen, trockentupfen und in Streifen schneiden. In heißem Butterschmalz anbraten,salzen und pfeffern. Auf Küchenpapier abtropfen und abkühlen lassen. Sojasoße, Zitronensaft, Sambal Oelek, gehackte Petersilie und Honig verrühren. Dann das Öl langsam unterrühren. Putenfleisch und Soße vermischen und über Nacht kühl stellen. Porree putzen und in kleine Würfel schneiden. Porreewürfel kurz in kochendes Salzwasser geben, dann abgießen. Linsen in einem halben Liter Salzwasser fünf Minuten kochen. Abgießen, abschrecken und abtropfen lassen. Kurz vor dem Servieren Porree, Linsen und das eingelegte Fleisch gut mischen.

Wildreis-Salat mit Krabben

(4 Portionen)

1 Packung Wildreis-Mischung (250 g)
1 Zwiebel • nach Geschmack
1 Knoblauchzehe • 20 g Butter
1/4 l Weißwein • 300 ml Gemüsebrühe • Salz • 1/2 bis 1 Salatgurke
1 Gläschen Kapern • 1 Bund Schnittlauch • 2 Bund Dill • 250 g Krabbenfleisch • 2 EL Dijon-Senf • 3 EL Essig • 3 EL Sherry (oder Orangensaft) • frisch gemahlener Pfeffer
Zucker • 5 EL Olivenöl

Reis, Zwiebelwürfel und zerdrückten oder durchgepressten Knoblauch in Butter andünsten. Wein und Brühe zugießen, salzen und 20 Minuten bei kleiner Hitze köcheln lassen. Abkühlen lassen. Gurke schälen und in feine Scheiben schneiden. Mit Kapern, fein gehackten Kräutern und Krabben unter den Reis heben. Senf, Essig, Sherry, Gewürze und Olivenöl für das Dressing in ein fest verschließbares Gefäß geben und kräftig schütteln. Über den Salat geben und ziehen lassen.

Möhren-Geflügelcremesuppe

(Für 8 Personen)

600 g Möhren • 2 Zwiebeln
60 g Butter • 4 Hähnchenbrustfilets • 4 EL Curry • 2 l Geflügelfond (aus dem Glas) • 2 Becher Schlagsahne (400 ml) • Salz • Pfeffer
3 EL Petersilie

Möhren putzen und in Stücke schneiden, Zwiebelwürfel in heißem Fett glasig dünsten. Hähnchenbrustfilets dazugeben und kurz anbraten. Möhren und Curry zufügen, kurz mitdünsten. Geflügelfond hinzufügen und zehn Minuten köcheln lassen. Hähnchenbrustfilets aus der Brühe nehmen und warm stellen. Einige Möhrenstücke aus der Suppe nehmen und mit Pürierstab oder Mixer pürieren. Sahne hineingeben und einmal kurz aufkochen. Mit Salz und Pfeffer abschmecken. In Stücke geschnittene Hähnchenbrust und Möhrenwürfel in die Suppe geben und kurz erwärmen. Vor dem Servieren Petersilie auf die Suppe streuen.

Schnelle Käsesuppe

(Für 6 Personen)

375 g Rindergehacktes
1 Knoblauchzehe
1 große Stange Porree
1 Gemüsezwiebel
250 g Champignons
1 l Gemüsebrühe (Instant)
150 g Sahneschmelzkäse
150 g Kräuterschmelzkäse
200 ml süße Sahne
200 g Crème fraîche
Salz • Pfeffer

Das Gehackte in einem großen Topf anbraten. Knoblauchzehe zerdrücken oder fein hacken. Porree klein schneiden, Gemüsezwiebel fein hacken. Alles zum Hackfleisch geben und andünsten. Champignons in kleine Stücke schneiden und ebenfalls in den Topf geben. Mit der Gemüsebrühe ablöschen. Schmelzkäse hinzufügen und umrühren, bis er vollständig geschmolzen ist. Sahne und Crème fraîche hinzugeben und 20 Minuten leicht köcheln lassen. Mit Salz und Pfeffer abschmecken.

Antipasti für 4-6 Personen

Tomaten mit Mozzarella

150 g Mozzarella • 2 Fleischtomaten 1 Topf Basilikum • frisch gemahlener Pfeffer • Salz • 4 EL Olivenöl

Mozarella und Tomaten in fingerdicke Scheiben schneiden. Jede Tomatenscheibe mit einer Mozzarellascheibe und einem Basilikumblatt belegen. Pfeffern, salzen und mit Olivenöl beträufeln.

Eingelegte Möhren

250 g junge Möhren • 1/2 TL Gemüsebrühe (Instant) • 1/2 TL Zucker 2 EL Weinessig • 3 EL Olivenöl 2 Zweige frische Minze

Möhren schälen und der Länge nach halbieren. 6 EL Wasser mit der Gemüsebrühe, Zucker und Weinessig aufkochen. Möhren hineingeben und zugedeckt ca. fünf Minuten dünsten. Im Topf erkalten lassen. Olivenöl hinzugeben, alles mischen und mit grob gehackter Minze bestreuen.

Marinierte Zucchini

1 Zwiebel • 250 g kleine Zucchini 3 EL Öl • 1 EL Zitronensaft • 3 EL Olivenöl • Salz • 1 Zweig frischer oder 1 TL getrockneter Oregano

Zwiebel abziehen und fein würfeln, Zucchini in fingerdicke Stifte schneiden. Beides in heißem Öl unter Wenden braun braten. Zitronensaft, Olivenöl und Salz verrühren und die abgetropften Zucchinistücke damit beträufeln. Zum Schluss Oreganoblättchen darüber streuen.

Gebratene Auberginenscheiben

1 Aubergine • Salz • 3 EL Öl • 2 Knoblauchzehen • Basilikumblätter

Aubergine in fingerdicke Scheiben schneiden. Von beiden Seiten mit Salz bestreuen und etwa 30 Minuten stehen lassen. Abspülen und trockentupfen. Öl in einer Pfanne erhitzen und die Scheiben von beiden Seiten braun braten. Knoblauch in hauchdünne Scheiben schneiden. Auberginen mit Knoblauchscheiben und Basilikumblättern bestreuen.

Marinierte Paprikaschoten

1 rote Paprikaschote
1 gelbe Paprikaschote • 7 EL Öl
2 TL Balsamico-Essig

Paprikaschoten längs in Streifen schneiden. 3 EL Öl in einer Pfanne erhitzen und Paprikastücke unter gelegentlichem Wenden braun braten. Etwas abkühlen lassen und die Haut abziehen. Paprika in Essig und restlichem Öl marinieren.

Sherry- Champignons

500 g kleine Champignons
2 Knoblauchzehen • 2 Schalotten
5 EL Olivenöl • 100 ml Sherry
Salz • schwarzer Pfeffer
1 Bund Petersilie

Champignons putzen. Knoblauch und Schalotten schälen und klein würfeln. 2 EL Olivenöl in einer Pfanne erhitzen, Knoblauch und Schalotten darin glasig dünsten. Champignons hinzugeben und unter Wenden sieben Minuten mitbraten. Mit Sherry ablöschen. Mit Salz und Pfeffer abschmecken und gehackte Petersilie unterrühren.

Tortilla mit Paprika

(Für 6-8 Personen)

500 g kleine festkochende Kartoffeln • 2 Zwiebeln • 1 rote Paprikaschote • 8 EL Olivenöl • Salz schwarzer Pfeffer • 4 große Eier
4 EL Sahne oder Milch

Kartoffeln waschen, schälen und in fingerdicke Scheiben schneiden. Zwiebeln schälen und fein würfeln. Paprika in sehr dünne Streifen schneiden. In einer großen Pfanne 3 EL Olivenöl erhitzen und die Kartoffeln darin zehn Minuten anbraten, dabei häufiger wenden. Zwiebeln und Paprika unterheben und fünf bis acht Minuten mitbraten. Mit Salz und Pfeffer abschmecken. Eier und Sahne verquirlen, salzen und pfeffern, Gemüsemischung unterrühren. 2 EL Öl in einer Pfanne erhitzen und die Ei-Gemüse-Mischung hineingeben, stocken lassen. Omelette auf einen Teller gleiten lassen. Restliches Öl erhitzen und die zweite Seite darin braten. Omelette in kleine Tortenstücke schneiden. Die Tortilla schmeckt warm ebenso gut wie kalt.

Pilztäschchen

(12 Stück)

500g Blätterteig
200 g Champignons (nur die Köpfe)
oder Steinpilze
50 g Parmaschinken
80 g Gorgonzola
1 Ei zum Bepinseln
50 g geriebener Parmesan

Blätterteig auftauen. Gorgonzola in kleine Würfel, Schinken in Stückchen und Pilze in Scheiben schneiden und vermischen. Blätterteig dünn ausrollen und in ca. 24 Quadrate schneiden. Mit einem Löffel jeweils einen Klacks auf 12 Teigstückchen verteilen. Mit den restlichen Teigstückchen bedecken und die Ränder mit einer Gabel andrücken. Die Täschchen mit dem verquirlten Ei bepinseln und mit dem Parmesan bestreuen. Im vorgeheizten Ofen auf einem mit Backpapier ausgelegten Blech bei 200 Grad ca. 15 Min goldgelb backen. Die Pilz-Täschchen lauwarm servieren.

Hackbällchen mit Käse

(Für 8 Personen)

1 kleine Zwiebel
Sonnenblumenöl
1/2 Bund Petersilie
500 g Hackfleisch (gemischt)
3 EL Semmelbrösel • 1 Ei
Salz • Pfeffer
200 g mittelalter Gouda
oder Appenzeller

Zwiebel schälen und fein würfeln. Öl in der Pfanne erhitzen und Zwiebelwürfel glasig dünsten. Petersilie waschen und fein hacken. Hackfleisch mit Petersilie, Semmelbröseln, Ei und Zwiebelwürfeln vermischen und mit Salz und Pfeffer abschmecken. Käse in kleine Würfel schneiden und zur Masse hinzufügen. Kleine Bällchen formen und im Öl bei mittlerer Hitze ca. 20 Minuten knusprig braten. Die Hackbällchen schmecken warm und kalt.

Porreetarte

(Für 4-6 Personen)

Teig:

250 g Mehl • 125 g Butter • 1 Eigelb
Wasser • Salz

Füllung:

3 mitteldicke Stangen Porree • Butter • Hühnerbouillon oder Gemüsebrühe • Salz • Cayennepfeffer • 200 g Schlagsahne • 2 Eier • Muskat
Je nach Geschmack: 150 g geräucherter Lachs oder 150 g frisch geriebener Greyerzer

Das Mehl auf eine Arbeitsfläche geben und in die Mitte eine Mulde drücken. Butter klein schneiden und auf den Mehlrand legen. In die Mulde Eigelb, Wasser und eine Prise Salz geben. Das Ganze zu einem festen Teig kneten. Diesen in Frischhaltefolie wickeln und mindestens zwei Stunden kalt stellen. (Sie können den Teig auch bereits am Vorabend zubereiten und über Nacht kalt stellen.) Eine halbe Stunde vor dem Weiterverarbeiten aus dem Kühlschrank nehmen, dann lässt sich der Teig besser ausrollen. Auf einer bemehlten Fläche ausrollen und in eine flache feuerfeste, gefettete Form (Durchmesser ca. 26 cm) legen, dabei die Ränder etwas andrücken.

Für die Füllung die Porreestangen putzen und in feine Scheiben schneiden. In einer Pfanne mit Deckel in Butter andünsten, so viel Bouillon oder Brühe angießen, dass der Porree ca. zehn Minuten sanft köchelt und die ganze Flüssigkeit verkocht. Eventuell den Deckel vorher abnehmen. Mit Salz und Pfeffer abschmecken und abkühlen lassen. Sahne und Eier verschlagen, mit Salz, Pfeffer und Muskat abschmecken. Mit dem gedünsteten Porree vermischen. Nach Belieben entweder klein geschnittenen Räucherlachs oder geriebenen Greyerzer untermischen und die Masse auf dem Teig verteilen. Bei 180 Grad ca. 30 Minuten backen.

Krabben-Kräuterkuchen

(Für 4 bis 6 Personen)

Teig:

200 g Mehl • 90 g Butter
1 Eigelb • 1 EL frisch gehackter Dill
1 EL frisch gehackter Schnittlauch
1 EL frisch gehackte Petersilie
1-2 EL kaltes Wasser

Füllung:

20 g Butter • 1 mittelgroße Zwiebel in feinen Scheiben
200 g Krabbenfleisch (frisch oder aus der Dose) • 2 Eier • 200 g Sahne
35 g geriebener Greyerzer- oder Emmentaler • Dillspitzen zum Garnieren

Ofen auf 210 Grad (Gas 190 Grad) vorheizen. Mehl in eine große Schüssel sieben, Butter in Würfel schneiden und dazugeben. Butter mit den Fingerspitzen unter das Mehl mengen, bis die Mischung fein und krümelig ist. Eigelb, Kräuter und Wasser darunter mengen und auf einer mit Mehl bestäubten Fläche schnell zu einem glatten Teig kneten. In Frischhaltefolie eingewickelt 20 Minuten kalt stellen. Eine Quiche-Form fetten. Teig zwischen zwei Lagen Folie so ausrollen, dass er Boden und Ränder der Form bedeckt. Teig in die Form geben, Ränder abschneiden. Den Teig mit Backpapier bedecken, eine Schicht getrockneter Bohnen oder Reis darüber verteilen und zehn Minuten blind backen. Aus dem Ofen nehmen, Papier mit Bohnen oder Reis entfernen. In weiteren sieben Minuten leicht goldgelb backen. Abkühlen lassen.

Für die Füllung Ofenhitze auf mittlere 180 Grad verringern. Butter in einer kleinen, schweren Pfanne erhitzen und in feine Scheiben geschnittene Zwiebel weich dünsten. Auf Küchenpapier abtropfen lassen. Krabbenfleisch aus der Dose abgießen und überschüssiges Wasser mit Küchenpapier ausdrücken. Zwiebelscheiben und Krabben auf dem Boden des vorbereiteten Teigs verteilen. Eier, Sahne und Käse gut verrühren. Auf den Teig gießen, mit Dillspitzen garnieren. In 30 Minuten goldgelb und fest backen. Heiß oder kalt servieren.

Erdnuss-Muffins mit Schokolade

(12 Stück)

75 g geröstete, gesalzene Erdnüsse
100 g weiße Schokolade • 2 Eier
100 g Butter • 100 g Zucker
300 g saure Sahne • 200 g Mehl
60 g Hartweizengrieß
2 TL Backpulver

Erdnüsse und Schokolade in grobe Stücke hacken. Das Eiweiß steif schlagen. Eigelb, weiche Butter und Zucker gut verrühren. Saure Sahne hinzugeben. Erdnüsse und weiße Schokolade unterrühren. Mehl mit Grieß und Backpulver vermischen. Den Eischnee auf die Masse geben, die Mehlmischung darüber verteilen und alles schnell mit einem Löffel oder Teigschaber unterheben. Nur kurz rühren, bis alles vermischt ist. Den Teig in ein gefettetes Muffinblech geben und bei 200 Grad (Umluft 170 Grad) im vorgeheizten Backofen ca. 25 Minuten backen.

Tipp: Sie können statt der Erdnüsse auch Mandeln oder Cashewnüsse verwenden.

Muffins mit Obst oder Schokoladenstückchen

(12 Stück)

200 g Butter • 150 g Zucker
4 Eier • 250 g Mehl
1/2 Päckchen Backpulver
100 g klein geschnittene Schokolade oder 300 g Obst

Butter und Zucker schaumig rühren, nacheinander Eier hinzugeben und das mit Backpulver vermischte Mehl unterrühren. Entweder Schokoladenstückchen hinzugeben oder Obst (z.B. Blaubeeren oder gut abgetropfte Schattenmorellen aus dem Glas oder drei in kleine Würfel geschnittene Bananen) erst in Mehl wälzen, dann unter den Teig heben. In ein gefettetes Muffin-Blech gleich große Teighäufchen verteilen. Falls Sie kein Blech haben, füllen Sie den Teig in kleine Papierförmchen. Bei mittlerer Hitze im vorgeheizten Backofen ca. 30 Minuten backen.

Tipp: Die Muffins schmecken auch köstlich, wenn Sie Bananen- und Schokoladenstücke unterrühren.

Beerenkuchen mit Sektguss

300 g TK-Blätterteig • 250 g Rote Johannisbeeren • 250 g kleine Stachelbeeren • 1 Päckchen Vanillinzucker • 3 El Zucker • 1 Päckchen roter Tortenguss • 1/4 l Medium Dry Sekt

Teig auftauen lassen, je zwei Teigplatten übereinander dünn ausrollen und eine gefettete Springform damit auslegen, dabei einen 3 cm hohen Rand formen. Im vorgeheizten Ofen bei 200 Grad 12-14 Minuten goldgelb backen (eine Tasse Wasser mit in den Ofen stellen, damit der Teig nicht zu sehr austrocknet). Beeren putzen, mit Vanillinzucker vermischen und zugedeckt ziehen lassen. Zucker und Tortengusspulver in einem Topf vermischen. Bei mittlerer Hitze nach und nach den Sekt einrühren. Kurz aufkochen lassen. Die Beeren auf dem Tortenboden verteilen. So viel Guss darüber gießen, dass die Beeren knapp bedeckt sind.

Vanillequark

(Für 4-6 Personen)

500 g Quark (20 oder 40 %)
9 EL Orangensaft
6-8 EL Ahornsirup
2 Messerspitzen gem. Bourbon-Vanille (erhältl. im Bioladen)
nach Belieben 1 Messerspitze Zimt

Quark mit Orangensaft und Ahornsirup zu einer glatten Masse verrühren und gemahlene Vanille und Zimt gut unterrühren. Kühl servieren. Schmeckt lecker zu Obstsalat oder roter Grütze, aber auch pur.

Rote Grütze

(Für 6 Personen)

1 1/2 Päckchen Vanille-Puddingpulver
75-100 g Zucker
1/4 l Apfelsaft
1 Vanilleschote • 1/8 l Rotwein oder roter Traubensaft
1 Paket TK-Beeren (300 g)
300 g TK-Sauerkirschen oder Sauerkirschen aus dem Glas

Das Puddingpulver mit 2 EL Zucker und 5 EL Apfelsaft gut verrühren. Vanilleschote längs halbieren und das Mark herauskratzen. Zusammen mit dem restlichen Apfelsaft, Zucker und dem Rotwein zum Kochen bringen. Angerührtes Puddingpulver in die kochende Flüssigkeit geben und alles einmal unter Rühren aufkochen lassen. Beeren und Sauerkirschen (aus dem Glas abgetropft) unterrühren. Sofort in eine Schüssel füllen und abkühlen lassen.

Obstsalat mit Mandelsoße

(Für 4 Personen)

1 Orange • 200 g Weintrauben

2 Kiwis • 2 kleine Äpfel

3 EL Zitronensaft

1 Banane

3 EL Mandelmus (gibt's im Reformhaus und im Bioladen)

100 g Vollmilch-Jogurt

Die Orange schälen und je nach Geschmack klein schneiden oder sorgfältig filetieren, den abtropfenden Saft dabei auffangen. Weintrauben waschen, halbieren und entkernen. Kiwis schälen, halbieren und in Scheiben schneiden. Äpfel schälen und in Spalten schneiden. Sofort im Zitronensaft wenden und wieder herausnehmen. Banane schälen und in Scheiben schneiden, ebenfalls in Zitronensaft wenden und wieder herausnehmen. Alles in einer großen Schüssel anrichten.

Für die Soße den Zitronen- und den Orangensaft mit dem Mandelmus und dem Jogurt verrühren und über die Früchte träufeln.

Aprikosen-Sekt-Sorbet

(Für 4 Personen)

400 g reife Aprikosen

1 kleines Stück unbehandelte Zitronenschale

1/2 Stange Zimt

2-4 EL Honig

3 EL Amaretto

1/8 l trockener Sekt, z.B. Jules Mumm Dry

Aprikosen überbrühen und häuten. Entsteinen und mit 1/8 l Wasser, Zitronenschale und Zimtstange zehn Minuten leicht köcheln lassen. Zimt und Zitronenschale wieder herausnehmen und die gekühlten Früchte mit der Flüssigkeit und dem Honig pürieren. Likör und Sekt vorsichtig unterrühren und die Sorbetmasse in einer Metallschüssel ins Gefrierfach stellen. In drei bis vier Stunden fest werden lassen und dabei in regelmäßigen Abständen mit einem Schneebesen gut durchschlagen.

Companini
Wo Köche essen gehen
Die Lieblingsrestaurants der Profis
COMPANIONS
Für 8 Städte von Berlin bis München
Berlin
Düsseldorf
Hamburg
Köln/Bonn
München
Rhein-Main-Gebiet
Ruhrgebiet
Stuttgart
Mit dem kulinarischen Kulturguide von
Davidoff
Restaurants im Profi-Test
Sie suchen ein wirklich gutes Restaurant? 200 Köche wurden pro Region von versierten Kennern der Gastro-Szene befragt. Die Geschmacksurteile der Profis stehen in diesem Buch. Jeder Band DM 17,80. Zu beziehen im Buchhandel.
COMPANIONS

Rezepte von A-Z

Adressen von A-Z

Stadtteile

Impressum

Herausgeber: Jules Mumm/Seagram Deutschland GmbH
Verlag: COMPANIONS Glänzer Linkwitz Wiskemann GmbH,
Van-der-Smissen-Str. 2, 22767 Hamburg,
Tel. 040-306 35-100, Fax 040-306 35-150
E-Mail: info@companions.de
Internet: http://www.companions.de

Autorin: Barbara Goerlich
Lektorat und Schlussredaktion: Ulrike Frühwald, Petra Klose (Ltg.)
Schlusskorrektur: Arnd M. Schuppius
Titelgestaltung und Layoutkonzeption: Cornelia Prott
Titelfoto: Christian Lohfink
(Styling: Udo Farnschläder; Requisiten: habitat, Maßstab, Props)
Produktion: Carin Behrens
Gesamtherstellung: Sebald Sachsendruck, Plauen

Bildnachweise: PhotoAlto (S. 4, 20, 44, 46, 58);
Digital Stock (S. 8, 12, 28, 34, 42, 45, 49, 53, 54, 62, 66);
DigitalVision (S. 18, 61); PhotoDisc (S. 22, 24, 32, 50, 57, 70, 72, 73, 74);
Christian Lohfink (S. 38)

ISBN: 3-89740-199-1

Wir danken: Claudia Paul, Tobias Waldner und allen anderen,
die zum Gelingen dieses Buches beigetragen haben.

Gedruckt auf 100 % chlorfrei gebleichtem Papier.